Bauwelt Fundamente 101

Herausgegeben von
Ulrich Conrads und Peter Neitzke

Beirat:
Gerd Albers
Hansmartin Bruckmann
Lucius Burckhardt
Gerhard Fehl
Herbert Hübner
Julius Posener
Thomas Sieverts

Ulf Jonak

Kopfbauten

Ansichten
und Abrisse
gegenwärtiger Architektur

Auf den Umschlagseiten Bleistiftzeichnungen von Ulf Jonak.
vorne: *Zitadelle* (1990)
hinten: *Daphne* (1990)

Alle Rechte vorbehalten
© Friedr. Vieweg & Sohn Verlagsgesellschaft mbH, Braunschweig/Wiesbaden, 1995

Der Verlag Vieweg ist ein Unternehmen der Bertelsmann Fachinformation GmbH.

Umschlagentwurf: Helmut Lortz
Satz: ITS, Herford
Druck und buchbinderische Verarbeitung: Lengericher Handelsdruckerei, Lengerich
Gedruckt auf säurefreiem Papier

Printed in Germany

ISBN 3-528-06101-4   ISSN 0522-5094

Inhalt

Vorbemerkung 7

I **Nachbelichtungen**
Auch die Moderne braucht Zeichen der Erinnerung 9
Nachwort zu einer kürzlich zu beobachtenden Eruption.
Ansichten zur Architektur der achtziger Jahre 18
Wahrheit, und sei es gegen eine Welt von Feinden.
Eine Kompilation 34
Reisekoffer oder Affenstall. Wohin die Häuser
in den zwanziger Jahren verschwanden 40
Wright – ein deutscher Heros 48

II **Tiefenschichten**
Design als Maßstab 51
Magische Architektur. Über die allmähliche Verfertigung
der Gestalten als Bauten 53
Der Atem des Steins. Antwort auf eine Preisfrage 59
Stoffwechsel 63
Die Entdeckung des Trugs. Immaterialität und Postmoderne . 69

III **Körperbilder**
Die nackte Wand. Reflexionsflächen, Projektionsebenen . . . 75
Architektur und Zufall 82
Es kommt das Häßliche. Von der Notwendigkeit des
Geschmacklosen 86
Das Extreme liegt uns 92
Das Haus als Falle 94
Obelisk mit gläserner Kiste 98
Trennschärfe und Zwielicht. Über den Umgang
mit Fragmenten 103

IV **Denkfiguren**
Entgegen dem Anschein – JE balanciert 107
Carceri-Centricity 110

Je kälter die Nerven, desto rascher die Nachrichtenübermittlung. Zu Massimo Scolaris Verwandtschaft und Gegensätzlichkeit mit Sant'Elia 113
Rossi oder Die Liebe zur Geometrie 117
Der verschwiegene Vorläufer 119
Raum, Stein, Inventur oder Die alte Not der Kunsthistoriker . 123

V   **Im Geldstrom**
Zerklüftete Oberflächen – polierte Monolithen.
Wolkenkratzerstadt Frankfurt am Main 127
Geldbahnhof. Ein Bankhaus in Frankfurt 142

Postskript
Kopfraumwagnisse 148

Nachweise 153

Bildquellen 155

Vorbemerkung

Rückblickend beginnen wir die achtziger Jahre zu einer Dekade schillernder Oberflächlichkeit zu stilisieren: zwar schon von der Sorge ob des globalen Ruins, stärker aber noch von der Illusion des Reichtums geprägt. Verführt von den Leinwand- und Bildschirmwelten, schien uns der perfekte Trug gegenüber der mageren Wirklichkeit zu genügen. Selbst im Dokumentarischen vermengten sich Illusion und Realität, wie der ‚Golfkrieg' lehrte.
Wie man es auch dreht: Das eben Gesagte gerinnt genauso zum Zerrbild einer Epoche, die von nahem, also vom Einzelnen her gesehen, wesentlich ruppiger und sperriger erinnert wird. Jeder Einzelne war weniger dem schönen Schein verfallen, als es sich im nachhinein darstellt, da er fröstelte, aneckte, Scherben produzierte, dürstete, den Nächsten verzweifelt begehrte, belauerte, im Stich ließ, niedermachte, kurz, dank seiner sieben Sinne die reale Welt in sich einließ und sich letztlich mit den Unzulänglichkeiten des beschränkten Daseins herumschlug.
So sind seine Architekturerfahrungen auch eher trivialer Art: anstoßen, Weg suchen, sich niederlassen. Architektur wird nach wiederholtem Gebrauch geradezu schlafwandlerisch benutzt. Selbst spektakuläre Gebäude verlieren bald ihre Überwältigungskraft und werden nach und nach zu fahlen Hintergründen. Der alltäglich Trott stumpft die Sinne ab. Gelingt es uns, die Blässe aufzufrischen, das Gespräch in Gang zu halten, dem beiläufigen Vorübergehen ein demonstratives Aufmerken entgegenzusetzen, dann gewinnt die Substanz Boden gegen den ‚schönen Schein', gegen das Flimmern unberührbarer Hintergründe. Derart könnte man vielleicht kritisches Nachdenken definieren.
Kann man denn von dort kritisieren, wo man mitten drin steckt? Aus sich heraus? Distanz muß man gewinnen, aus sich heraustreten, um sich selbst und andere zu erkennen. Man muß Distanz gewinnen, um das Umgebende als Form zu sehen; man muß sich schließlich von außen nähern, um einzudringen. Nicht nur architektonisch ist dieser Vorgang bedeutsam, sondern auch im Doppelsinne: Das Eindringlich-sein führt zur Erkenntnis – nicht das Innen-Sein. Der Verinnerlichte erscheint dagegen allzu oft abseitig.
Distanziert von bemerkenswerter Architektur, fernab von der Stadt, im Hinterland Frankfurts sind diese Aufsätze im Laufe der letzten fünfzehn

Jahre entstanden. Distanziert von der Stadt, doch seit der Kindheit von ihr geprägt, als angestellter Architekt lange Zeit mehr schlecht als recht mitschuldig an manchen Auswüchsen, seit noch längerer Zeit als Lehrender nur Beobachter, nähert sich ihr der Verfasser, manchmal Gott und die Welt, manchmal ein konkretes Gemäuer reflektierend. Annäherung als Vorstufe des Eindringens wird zur Metapher. Denn im Wiederlesen der an vielen – auch abseitigen – Orten erschienenen Aufsätze stellt sich eine merkwürdige Häufung von Wahrheitssynonymen heraus.

Nicht nur Annähern und Eindringen, auch Aufdecken, Aufbrechen, Entblättern, Enthäuten sind Metaphern für die Neugier, hinter die Oberflächen sehen zu wollen und eine bis dahin noch nicht offenbarte Wahrheit zu entziffern. Wahrheit oder Ehrlichkeit sind folglich oft auftretende Vokabeln in diesem Aufsatzbündel. Das hängt natürlich damit zusammen, daß sie ebenso oft auftretende Vokabeln in den Manifesten des 20. Jahrhunderts sind, die sich wiederum in der rigorosen Geometrie der Moderne niederschlagen.

Das Wort Aufklärung in seiner ursprünglichen Bedeutung ist mit Erhellung, Transparenz oder Aufdeckung nahezu identisch und verliert damit im Laufe der Zeit seinen pathetischen Oberton. So könnte man Sherlock Holmes fast als kleinbürgerliche Identifikationsfigur, aber auch als Wachtmeister der modernen Gestaltungstugenden bezeichnen, zumal die großen sinngebenden Systeme ihre Überzeugungskraft verloren haben. Wie sehr Transparenz und Entlarvung einander bedingen, sei allerdings dahingestellt, wie sehr Entlarvung und Melancholie einander bedingen, sei als Frage aufgeworfen.

Etwas in Frage zu stellen, ist der Sinn von Kritik, nicht unbedingt der, etwas aufzuwerten oder abzukanzeln. Solchermaßen wünscht sich der Verfasser, daß seine Texte gelesen bzw. wiedergelesen werden. Die Aufsätze sind zumeist aus aktuellem Anlaß entstanden, sollen diesen Bezug bewahren und sind deshalb trotz zuweilen erweiterten Wissens oder heute milderer Beurteilung unverändert. Sie sind selten und dann nur geringfügig gekürzt, aber, soweit erkannt, von Sinnentstellungen und Druckfehlern bereinigt. Bereinigung, auch dies eine der fragwürdigen Selbstverpflichtungen, mit denen die Moderne antrat, ihre Zukunft zu erobern.

Im Herbst 1994 *Ulf Jonak*

I Nachbelichtungen

Auch die Moderne braucht Zeichen der Erinnerung

> *Das Leben des kultivierten zeitgenössischen Menschen wendet sich allmählich von der Natur ab; es wird mehr und mehr ein rein abstraktes Leben.* Piet Mondrian[1]

Tatsächlich erbleichen wir bei diesem Gedanken – angesichts der Eroberung der Welt durch die Massenmedien. Die Authentizität unserer Erfahrungen wird uns von Mal zu Mal zweifelhafter. Dennoch stammt die Prophezeiung nicht von einem Melancholiker unserer Tage, sondern wurde bereits 1917 von Piet Mondrian ausgesprochen. Eine These wurde gewagt, im Unterschied zu heute wohl weniger einleuchtend in ihrer Zeit, einer Zeit des Umbruchs, des Übergangs, des Beginns einer neuen Kunst und auch einer neuen Architektur, des sogenannten Funktionalismus.
Doch die Berechtigung der These vom „abstrakten Leben" wuchs synchron zum sich immer stärker durchsetzenden Funktionalismus; oberflächlich gesehen, entschwand den Bauten die Sinnlichkeit. Die traditionellen Baumaterialien verschwanden oder veränderten sich. Holz- und Mauerwerksflächen wurden geglättet, entstrukturiert, wurden künstlich und großflächig, als wären sie in der Fabrik in Formen gegossen, geschüttet, gestampft, gestanzt und poliert. Im Einklang mit den Möglichkeiten der Industrie wurden Stahl, Glas und Beton zu den beliebtesten Werkstoffen, mehr noch: zu nahezu mythischen Materialien. Das Individuelle, Handbearbeitete, Nachfühlbare kam den Oberflächen abhanden. Die Flächen wurden gleichartiger oder sich ähnlicher, als wären sie aus der gleichen Grundsubstanz hergestellt.
Jedoch nicht nur die sinnliche Wahrnehmbarkeit der Baustoffe geht verloren: Es entschwindet selbst die Materialität der Architektur.

1. Die Formen werden reduziert auf Gestalten simpelster Beschreibbarkeit, das heißt, auf mathematisch beschreibbare Figuren.
2. Die Konstruktionen werden reduziert. Stützen und Decken schrumpfen zur statischen Notwendigkeit. Platten, Wände und Dächer schrumpfen zur Membran. Die Tendenz geht zum schwellenlosen Übergang von innen nach außen. Die Bauteile haben nur noch Umhüllungs-, Schutz- und Verpackungsfunktion.
3. Die Volumen werden reduziert auf das unbedingt Notwendige. Es entsteht das Schlagwort von der „Wohnung für das Existenzminimum"[2].

Was bleibt da noch übrig von Architektur?
Vermittelt sie dann vielleicht nur noch ein vages Gefühl des Geschütztseins, ein vages Gefühl des Geleitetwerdens? Wenn denn alles so funktionierte, wie die Funktionalisten es sich wünschten: Es entstünde eine reibungslose, mechanisierte Welt. Jeder Gegenstand, jedes Gefühl wäre energie- und materialsparend minimalisiert und darum in ausreichender Menge vorhanden. Jeder Gegenstand, jedes Gefühl wäre zweckdienlich, diente der Erleichterung bei Arbeit und Freizeit und im affekthaften Umgang miteinander. Dann entstünde letztlich eine Welt des somnambulen Glücksempfindens, eines schläfrigen Sichgehen- oder Sichleitenlassens: Denn alles wäre unter (bester) Kontrolle.
Folgerichtig wäre Architektur verschwunden. Man atmet und fühlt, fühlt sich im Einklang. Darauf lassen sich die Utopien der frühen Moderne des 20. Jahrhunderts zurückführen. Das gesellschaftliche Miteinander wird zum kybernetischen Problem. Eine Menge muß gesteuert, eine Teilmenge muß geleitet werden.
So lautet die *erste These* auf die Frage nach den Zeichen der Erinnerung in der Moderne:
Die Zeichen dienen als Wegweiser. Der einzelne muß seinen individuellen Weg gewiesen bekommen, auf daß er nicht in Konflikt gerate mit den vielen anderen einzelnen. Das bedeutet, daß dienende Architekturelemente zeichenhaft aus den Bauten hervortreten müssen. Öffnungen und Treppen, also alle vertikalen und horizontalen Transportwege und deren Zugänge, erhalten ihre prägnante Ausprägung, werden, wenn möglich, aus der Gesamtgestalt herausgeschnitten und als gliedmaßenartige Einzelform behandelt: Zusätzliche Orientierung geschieht durch Farben, Schriften (Piktogramme), Geräusche oder rhythmisch-grafische Gliederungen. Architektur, das heißt, die „verschwundene Architektur" wird durch Archi-

tekturfernes wieder sichtbar – wie Rauch, in den Windkanal geblasen, unsichtbare Luftwirbel anschaulich macht.
Noch einmal: Derart geleitet und gegängelt, brauchte ich weder Vorsicht noch Aufmerksamkeit walten zu lassen. Wäre dieses System (wie tendiert) perfekt ausbaubar, dann könnte ich tatsächlich wie im Traum und wie auf Watte durch die Welt (meinen Lebensweg) dahinziehen. Wenn man, beiseite gesprochen, die jungen Leute mit ihren Walkmen in den Großstadtstraßen flanieren sieht, könnte man denken, der somnambule Allgemeinzustand wäre bereits eingetreten.
Es ist also nurmehr nötig, daß ich ein gewisses Repertoire an Piktogrammen und Übereinkünften beherrsche, um mich im städtischen Labyrinth zurechtzufinden. Das expressionistische Schlagwort von der ‚Großstadt als Dschungel' trifft längst nicht mehr zu. Wenn ich, wie beschrieben, derart in Träume versinke, weiß ich nicht mehr, ob ich existiere oder geträumt werde. Das ist der Preis der Harmonie.
Harmonie führt zu Wohlerzogenheit, Anstand, wird Stil, dann Stilisierung, dann Maske, dann Leblosigkeit oder Versteinerung. Das können wir nicht wollen. Darum sei jetzt und nachdrücklich erklärt:
Die Regelwidrigkeit reißt uns aus der Lethargie, dem Trott, dem schlafwandlerischen Wohlbefinden.
Wir werden bedrängt,
wir fühlen uns verloren,
wir fühlen uns beengt,
wir stoßen uns,
wir zwängen uns hindurch,
wir sind angespannt,
wir sind gespannt,
wir sind angewidert,
wir müssen uns auseinandersetzen.
All diese Aktivitäten verletzen uns. Es sind schmerzhafte Brandmale, die uns schon deshalb in Erinnerung bleiben. „Architektur muß brennen", sagt Coop Himmelblau. „Architektur ist nicht Behübschung, sondern der Knochen im Fleisch der Stadt"[3], und ich ergänze: Sie ist der Splitter in meinem Kopf.
So muß die *erste These* hiermit revidiert werden:
Zeichen der Erinnerung sind nicht Zeichen der Orientierung, sondern im Gegenteil Zeichen der Desorientierung, Zeichen der Aggression und Zeichen der Widerständigkeit.

Allerdings könnte unsere Vermutung, daß die Moderne Zeichen der Erinnerung brauche, uns zu dem Schluß führen, daß auch im formreduzierten modernen Bauwerk Vergangenheitsrelikte gegenwärtig zu sein haben. Es entsteht demnach die Frage nach der Auseinandersetzung mit unserer Herkunft, die Frage nach unserem Verhältnis zu Geschichte und Traditionsbewußtsein.

„Wir wollen sämtliche Museen und Bibliotheken und die Akademien aller Art vernichten [...] Wir wollen besingen die mitternächtliche Glut von Munitionsfabriken und Schiffswerften, erhellt von elektrischen Monden [...] Wir bekämpfen jede Art von Patina und die Unlauterkeit falscher Antiken [...]"[4]

Die nahezu zynische Hinnahme der Vergänglichkeit, wie sie hier im *Futuristischen Manifest* (1909) von Marinetti formuliert wird, die skrupellose Mißachtung all dessen, was hinter uns liegt, die bedingungslose Hingabe an das, das vor uns liegt, wird die Kunst des 20. Jahrhunderts bis in die siebziger Jahre prägen. Von Gropius wird berichtet, daß er als Dekan der Architekturfakultät an der Harvard-Universität alle bauhistorischen Werke in einen verschlossenen Raum verbannte. Auch wenn es in der Kunst ähnlich zugeht wie im alltäglichen Leben, wenn auch dort der, der seinen eigenen Weg gehen will, sich üblicherweise von seinen Eltern absetzt, sie links liegen läßt oder demonstrativ nicht mehr beachtet, so hat die Geschichtsfeindlichkeit der Moderne doch fast pathologische Züge.

Was ist denn gemeint, wenn ich die Vergangenheit nicht wahrhaben will? Ich nehme mich selbst aus dem Prozeß des Vergänglich-Werdens heraus. Ich wünsche die Aufhebung des Zeitflusses, ich spekuliere auf die Ewigkeit. Nichts darf sich verändern, weil jede Veränderung an den Tod (den eigenen Tod) erinnert. Allerdings muß der Tod nicht unbedingt etwas Schreckenerregendes an sich haben. Spenglers Kulturmorphologie, die das der organischen Welt ähnliche Aufblühen und Vergehen der großen Kulturen beschreibt, zeigt dies auf fatalistisch-ungerührte Weise. Selbst Albert Speers ‚Ruinenwerttheorie' haftet noch der Memento-mori-Gedanke an, wenn auch auf eine Art Imponiergehabe verkürzt: Es gilt, Anstand und Größe zu demonstrieren, selbst in Epochen des Zerfalls.

So hat der Gedanke an den Tod in der abendländischen Kultur durchaus etwas Zwiespältiges. Dem Trugbild vom ‚nationalistisch-germanisch-nordischen Charakter' mag Todessüchtigkeit zugeordnet sein, aber zum Erscheinungsbild der westlichen Kultur im 20. Jahrhundert gehört doch

eher die Todesfurcht. Diese Furcht manifestiert sich auch in der Architektur. Die Exaktheit der Volumen und Oberflächen wird zur fixen Idee. Vermieden wird jegliche Anspielung auf die Prozesse des Alters, des Verwitterns und Bröckelns, auf Runzeln und Narben. Glatt müssen die Oberflächen sein, ohne Kratzer und Risse, ohne irgendeinen Makel. Makellosigkeit wird auch von den Farbflächen verlangt: Rein sollen sie sein. Am reinsten ist das Weiß. Weiß versinnbildlicht ‚Sauberkeit' und ‚Hygiene'. Reinheit: ein Mythos des 20. Jahrhunderts. Man tut, als gebe das klinisch Reine das Versprechen, Krankheiten abzuwehren, Unordnung und Wirrnis zu vermeiden, Überschaubarkeit zu gewähren (also den erhöhten Standpunkt des Mächtigen einzunehmen), letztlich aber den Tod zu überlisten und in göttliche Ränge aufzusteigen. In seinen *Mythen des Alltags* hat Roland Barthes dies so formuliert:
„Bekanntlich ist das Glatte immer ein Attribut der Perfektion, weil sein Gegenteil die technische und menschliche Operation der Bearbeitung verrät: Christi Gewand war ohne Naht, wie die Weltraumschiffe der Science-Fiction aus fugenlosem Metall sind."[5]
Demnach führt die Tendenz zur Makellosigkeit zu einer Tendenz des Überwirklichen. Glas, Kunststoff und emaillierte Bleche sind die Materialien dieser Überwirklichkeit. Es sind keine Materialien zum Anfassen. Der Schweißabdruck einer Hand wird schon als Beschmutzung empfunden. „Ein rein *abstraktes* Leben" entsteht, mögen auch verschwommene Vorstellungen von einem ‚Goldenen Zeitalter' geweckt sein, Vorstellungen eines wolkigen, schlagsahnehaften Glücks, eines Glücks, eher der Gehirnwäsche als der Utopie entsprungen. So werden Erinnerungen vernichtet.
Deshalb lautet auch die *zweite These* anders als erwartet: Zeichen der Erinnerung sind nicht Zeichen der Perfektion, sondern, im Gegenteil, Zeichen des Unperfekten, des Alternden und Verwitternden.
Vom Wetter gegerbte oder verwüstete Physiognomien (wie die Charles Bukowskis) wecken den Anschein der ‚ehrlichen Haut', wecken den Anschein des zwar Lasterhaft-Menschlichen, aber auch den des Schutzversprechens, da offenbar in vielen siegreichen Kämpfen erprobt. Nur an den sich vorwärtskämpfend errungenen Narben läßt sich noch Menschliches identifizieren und von Fiktionen, von Außerirdischen oder gar künstlichen Konsumfiguren (Batman, Donald Duck) unterscheiden. Unaufhaltsam entwickelt sich dies zum Mythos des technischen Zeitalters: Das Übernatürliche ist rein, weiß und makellos, ist anspruchsvoll und demütigend; das Natürliche hingegen ist schmuddelig, vernarbt, abge-

griffen und naiv. Das Perfekte wirkt arrogant und feindlich, das Unperfekte jedoch als Produkt von ‚Dir' und ‚Mir' schafft Vertrauen. Vertraut wird letztlich nur das, was erinnert werden kann.
Erwarten wir von der Architektur Zeichen der Erinnerung, so stellen wir vielleicht auch die Forderung, daß Architektur einprägsame Gestalten zu entwickeln habe, Gestalten, die sich dem Bewußtsein eingraben und deshalb erinnerbar sind. Wenn dem so ist, dann hat Architektur die Pflicht, leuchtturmhaft die wüste Umwelt zu strukturieren. Das bedeutet, daß ihre Form nicht vieldeutig, sondern eindeutig zu sein habe. Sie erfordert ein unmißverständliches, rigoroses und konzeptuelles Entwerfen und gerät damit (gegen ihren Willen) in Widerspruch zu den Entwurfstheorien der frühen Moderne. Damals entwickelte sich bekanntlich das Haus von innen nach außen. Die Notwendigkeiten der Betriebsabläufe bestimmten die Gestalt des Hauskorpus. Es ging wie bei einer wissenschaftlichen Aufgabe zu: Zuerst wurden die Probleme geordnet und dann die Durchführung organisiert. „Jedes Entwurfsproblem, das gut formuliert ist, wird ‚seine Lösung' finden", sagte Le Corbusier, blickte auf die Autoproduktion, meinte aber die Hausproduktion.
Dieses Grundprinzip der Moderne läuft auf den Vorrang der ‚Organisation eines Vorgangs' hinaus und (überspitzt gesagt) auf eine ‚Gestalt der Gestaltlosigkeit'. Die Volumen entstehen aus den Fließrichtungen. Sie fließen in bereits vorhandene Hohlräume (der einzelnen Grundstücke oder der Stadt insgesamt). Sie ufern aus. Sie zerfasern. Die Oberflächen sind nachgiebig wie aus Gummi. Von innen herrscht strengste Kalkulation, von außen regiert anscheinend der Zufall, oder wie Mies van der Rohe es ausdrückt: „Die Form ist das Resultat unserer Arbeit. Es gibt keine Form an sich."[6] Jedoch entgegen allen Beteuerungen der Protagonisten: Was das Künstlerische an der Moderne ausmacht, das ist ein vorsichtiges, fast verstohlenes Eindämmen dieser Tendenzen zur passiv entstehenden Form. In Wahrheit wird auch dort geknetet, zurechtgerückt und von außen her abgewogen und gefeilt, so daß ein kompliziertes, gleichgewichtetes Sich-Beeinflussen von Form und Funktion entsteht.
Konzeptuelles Entwerfen meint hingegen noch etwas anderes, geht einen ganzen Schritt weiter. Hier ist der Betriebsablauf (oder die Funktion) lediglich die Spielregel. Das Spiel entfaltet sich (unter Beachtung der Regeln) selbständig, kreativ und nach gestalterischen Grundsätzen. Schönheit entsteht so aus Zielstrebigkeit, Eindeutigkeit, Rigorosität, Prägnanz und Nachvollziehbarkeit. Wir können demnach sagen, das architektonische Spiel entwickele sich aus Gewinnsucht, nämlich aus der Sucht, Gestalt

zu gewinnen, aus der Vorstellung, Illustration eines Vorgangs oder Dramatisierung eines Geschehens zu sein.
Die Bearbeitung der Planungsaufgabe stimuliert im Planer die Vorstellung eines gangbaren Wegs, eines Wegs ohne Abschweifungen, Umwege oder Sackgassen. Das heißt: Nebenbedeutungen oder private Fixierungen werden entfernt; die Darstellung oder der Lösungsweg der Aufgabe wird demonstrativ und prinzipiell auf die Isolierung eines Vorgangs (und damit auf den deutlichen Hinweis) beschränkt. Planer arbeiten immer mit solchen vorgestellten Vorgängen. Um so unbeirrter sie diese Vorstellungswelt einengen, aber auch durchfechten, desto eindeutiger können sie sich dem Gegenüber (den Nutznießern ihrer Planung) mitteilen.
Doch von welchen Vorgängen reden die Planer? Welches Geschehen dramatisieren sie?

etwas berührt sich,
etwas spaltet sich,
etwas rundet sich,
etwas biegt sich,
etwas neigt sich,

etwas verjüngt sich,
etwas weitet sich,
etwas öffnet sich,
etwas schwebt,
etwas lastet,

etwas erhält ein Rückgrat, eine Mulde, eine Höhlung, einen Buckel, einen Fuß, einen Kopf, etwas wird konfrontiert, vereinzelt, entblößt, eingeschnürt, ein Gerüst wird verhüllt und so weiter.
Eine passend erscheinende Metapher wird rigoros (fast möchte man sagen ‚schamlos') herausgestellt und von allem Beiwerk befreit. Aus dem fahrenden Zug des Entwurfsvorgangs sind alle blinden Passagiere herausgeworfen. Er ist sozusagen etwas leerer geworden und damit auch bereit, erneut mit den privaten Assoziationen der Nutzer aufgefüllt zu werden. Während ‚undisziplinierte' (besser gesagt, die ihren Plan mit „privaten Mythologien" überlagernden) Entwerfer vielen vieles bieten, aber notgedrungen ohne beigefügten Schlüssel oft unverständlich oder skurril erscheinen, bieten konzeptuelle Entwerfer die bereinigte Gestalt, das archetypische Denkgebäude, gleichsam ein vorstrukturiertes Logbuch, in das die Benutzer ihre eigenen Anmerkungen eintragen.
Was dabei abgedrängt wird, gar verloren geht, ist das Träumerische, das Spintisieren, das anscheinend nutzlose Abschweifen. Konzeptuelle Entwerfer wissen, was sie wollen. Deshalb wohnen ihren Bauten Logik und Durchsetzungskraft inne. Das Liebenswerte oder Behagliche findet man eher im Abseits, da, wo auch Zerstreutheit und Versunkenheit ihren Platz finden.

So lautet eine neue, *dritte These* zum gestellten Thema wiederum anders als erwartet: Zeichen der Erinnerung sind nicht in den Bau hineingestanzte ‚Inschriften', nicht den Bau bekleckernde Graffiti, nicht die spontan hineingekratzte Anmerkung, sondern (im Gegenteil) der ‚erwartungsvolle, einprägsame' Ort. Einprägsam ist die Stelle der längst entfernten Inschrift oder des noch nicht hineingemeißelten Textes, der erwartungsvolle Ort, der aufgrund seiner Unbeschriebenheit mir erst die Gelegenheit gibt, eigene Erinnerungen einzutragen. Erinnerungen, die mich als Gleichgesinnten, Gleichgestimmten erkennen lassen. Die archetypische, klare und geglättete Form gibt mir das ‚Stichwort'.
Anders jedoch ist es, wenn wir feststellen, daß unser ‚leerer Block' (im doppelten Sinne des Wortes) bereits beschriftet oder bearbeitet ist. Daraus leitet sich als *vierte These* die ‚gelenkte Erinnerung' her. Man könnte es auch als manipuliertes Bewußtsein bezeichnen. Es ist ein Phänomen, das die Architektur der achtziger Jahre auszeichnet, ein Phänomen, das zu einer Art ‚architecture parlante' gehört; kurz, die postmoderne Architektur ist hier angesprochen.
Die Postmoderne in der Architektur muß man wohl als bereits abgeschlossene Episode ansehen, obwohl ihre Verdienste durchaus noch Gültigkeit haben. Neben der Wiederentdeckung des Pluralismus war ihr Verdienst die Aufwertung des öffentlichen Raums. Er war nun nicht mehr allein Verkehrsstraße oder Grünraum, sondern endlich wieder Flanierraum, Bühne für die Selbstinszenierung (zum psychischen Wohlbefinden notwendige Inszenierung) der Stadtbewohner. Die postmoderne Architektur unternahm den Versuch, die Öde und Zugigkeit, die bedrückende Wüstenei der Innenstädte zum Erlebnisraum umzugestalten. Es galt, Flaneuren und Selbstdarstellern zu ihrem Recht und zu maßgeschneiderten Kulissen zu verhelfen.
Die andere Entdeckung der Postmoderne war, daß die Fassade des Hauses nicht nur verpackende Hülle, sondern zugleich Gesicht sei, auf das sich Ausdruck projizieren ließe: Projektionsfläche für die Erbauer oder die Bewohner des Hauses. Hier allerdings beginnt der Sündenfall der narrativen (postmodernen) Architektur.
Wenn ein Betriebsablauf und dessen materielle Ausformung von einem betriebsfremden System besetzt werden, wenn also Sand ins Getriebe gerät, das heißt, wenn Eigenwilligkeit, Gefühle, Starrsinn, Unentschlossenheit (usw.), kurz, wenn Emotionen und psychische Störfaktoren der ‚Reibungslosigkeit' in die Quere kommen, dann entsteht vielleicht so etwas wie ein Charakter. Die Maschine spuckt, röchelt, stottert oder

(positiver gesehen) zeigt Eigensinn und Gefühle. Wenn es sich in Grenzen hält, ist uns das durchaus sympathisch. Selbstverständlich ist hier mit der Maschine oder röchelnden Person das ‚Haus' gemeint. Die emotionelle Sperrigkeit ist der baulichen vergleichbar und führt zu unübersehbaren wie zu unvergeßlichen Signalen oder Erinnerungsmalen.
Jedoch wenn (wie es geschieht) der Ausdruck von Architektur voller Tücke und hinterlistig in Übereinstimmung gebracht wird mit der Psyche von Menschen, wenn mit Kalkül Emotionen geschürt werden, dann haben wir ‚Eigensinn' nurmehr als theatralische Floskel. So ist es, wenn die Strategen des Konsums die Gestaltung an sich reißen. ‚Corporate Identity' heißt dann das Schlagwort.
Wenn Architektur derart zum großsprecherischen Medium wird, zum kolossalen Werbeträger, wenn sie zum Austragungsort von Scheingefechten zwischen Konzernen wird, wenn sie als ‚Kunst der Verführung' daherkommt, wenn sie zur Botschaft wird, der ohnehin kaum einer traut, dann *soll diese Architektur doch der Teufel holen*. Immer mehr steht zu befürchten, daß wir eine Architektur erhalten werden, die, statt uns zu überzeugen, uns überreden will. Dann wird es verdienstvoll sein, Architektur dem Vergessen anheimzugeben, sie in der Erde einzugraben, sie hinter Buschwerk zu verstecken, sie mit nackten Mauern zu umstellen. Farbiges Glitzern entsteht mitunter durch Fäulnis.
Abschließend sei rekapituliert:
Zeichen der Erinnerung finden sich nicht nur auf historistischen oder klassizistischen Bauten, es gibt sie auch in der zeitgenössischen Architektur. Sie bilden sich ab als Zeichen der Desorientierung, der Widerständigkeit; als Zeichen des Unperfekten, des Verwitterten und Schrundigen; als Zeichen des einprägsamen oder erwartungsvollen Ortes, der Leerstelle, die individuell auffüllbar ist, sowie als Zeichen der Manipulation, die wir dem Vergessen anheimgeben sollten.

Anmerkungen

1 Piet Mondrian in der Zeitschrift De Stijl 1917, Nr. 1
2 So der Titel das 2. CIAM-Kongresses und des Begleitkatalogs (Verlag Englert & Schlosser, Frankfurt) in Frankfurt 1930
3 Coop Himmelblau, Die Zukunft der herrlichen Trostlosigkeit, in: Architektur ist jetzt, Stuttgart 1983, S. 107
4 Filippo Tommaso Marinetti, Gründungsmanifest des Futurismus vom 20.2.1909, zit. n. Reyner Banham, Theory and Design in the First Machine Age, London 1960 (deutsch:

Reinbek 1964, S. 85, jetzt als Bd. 89 der Reihe Bauwelt Fundamente, Braunschweig/Wiesbaden 1990)
5 Roland Barthes, Mythen des Alltags, Frankfurt 1964, S. 76
6 Zit. n. Christian Norberg-Schulz, Auf dem Weg zu einer zeitgemäßen Architektursprache, in: Jahrbuch für Architektur (Deutsches Architekturmuseum), Braunschweig 1987, S. 23

(1989)

Nachwort zu einer kürzlich zu beobachtenden Eruption. Ansichten zur Architektur der achtziger Jahre

Das erste Geräusch zu Beginn des Jahrzehnts waren eingeschlagene Schaufensterscheiben doch das ist schon lange her. Franz Hohler

Ach, wie wohlgeordnet scheint uns im Rückblick die Nachkriegswelt. Klar und ungebrochen standen sich die feindlichen Gesellschaftssysteme gegenüber. Als sei es ein ästhetisches Spiel, schien eine unbekannte Kraft die Gegensätze sensibel zu wichten. Im ehemals morgen-, nun wider Erwarten abendroten Osten prunkten die Bauten im Konditorstil. Im leuchtenden Westen glitzerten die von Mal zu Mal durchsichtigeren Glaskästen. Über die Grenzen hinweg schien unbestritten: Nur auf festen Standpunkten läßt Ordnung sich bewahren, läßt Architektur sich gründen. Eine halbwahre Formel, wie sich zeigen sollte, denn allerorten verstärkte sich ein Knistern – nicht nur in der politischen Sphäre. Aber es war noch kein Aufbruch, eher ein Aufbrechen der vorher so granitscharf gekanteten Blöcke. Doch die Folgen des Golfkriegs und das Auseinanderfallen des Ostblocks werden in den neunziger Jahren voraussichtlich eine ‚neue Weltordnung' einleiten. Falls dies geschieht, wird dann auch der sogenannte Pluralismus in der Architektur ein Ende finden?
Begonnen hat der Umbruch in den siebziger Jahren: Die Formensprache der Architektur wurde assoziationsreicher, die Oberflächen wurden zerklüfteter, die Theorie zerbrach in Lehrmeinungen gegensätzlicher Fraktionen. Hier die Reinheit des bewußt farbsparsamen und auf universale Gültigkeit zielenden Funktionalismus, dort die Fleckigkeit eines ‚interessant' gemachten, sich skulptural gebärdenden Formalismus, dort die

Verfärbungen der Lehre zu Lehm-, Öko- und Solararchitektur oder zum sogenannten regionalen Bauen. So zerfaserte der einst so stracks verlaufende Schienenstrang des Funktionalismus in eine Vielfalt kleiner Bahnen, die in alle Richtungen auseinanderliefen. „Architektur auf der Suche nach erweiterter Autonomie"[1] heißt denn auch das Motto im Katalogvorwort zur *Dortmunder Architekturausstellung* von 1976.
Wie stets ruft eine ausufernde Vielfalt von Erscheinungen die Systematiker und Ordner des Unübersichtlichen auf den Plan. Das gestaltpsychologische Gesetz von Zwang zur prägnanten Form, die wir, wenn die Form uns nur verschwommen oder verzerrt entgegentritt, auf jeden Fall zu rekonstruieren suchen, trifft ebenso im Einzelfall wie für das gesamte kulturelle Gefüge zu. Definitionshilfe leisteten während der achtziger Jahre Überblicksschauen jüngster Architektur. Eine verblüffte Öffentlichkeit nahm zur Kenntnis, daß Architektur auf einmal nicht mehr allein Bedürfnisbefriedigung bedeutete, sondern sich zu Bau-Kunst rückverwandelte: „Architektur als Poesie gegen die blinde Ordnung zweckrationaler Überheblichkeit."[2] Die Architekturzeichnung bekam nun ihren eigenen Wert, wurde immer häufiger ohne konkreten Auftrag, jedoch mit künstlerischen Ambitionen hergestellt, wurde zum Sammelobjekt und damit zum Grundstock vielerorts entstehender Spezialgalerien und vor allem der großen, übergreifenden Architekturausstellungen, die das Architekturgeschehen der achtziger Jahre strukturierten.
Es begann mit der *Biennale* in Venedig von 1980: *Die Gegenwart der Vergangenheit*, ein programmatischer Versuch – unterstützt von eigens für diese Ausstellung errichteten Modellen im Maßstab 1:1, der *Strada Novissima* –, das Bewußtsein für den Dialog der Steine mit den Menschen in der traditionellen Stadt zurückzurufen und zugleich Muster zur Überwindung der modernen, monotonen Stadtagglomerate anzubieten. Im gleichen Jahr fand die Pariser *Biennale*, die *Erste Ausstellung Internationaler Architektur*, statt. Währenddessen liefen in New York, im *Institute for Architecture and Urban Studies*, vielbeachtete Einzelschauen der Europäer Aldo Rossi, Oswald Mathias Ungers und Rob Krier. Die Szene formierte sich. Wie schon in den zwanziger Jahren wurde Architektur wieder zum Tagesgespräch, zum genußvoll von Presse und Fernsehen behandelten Thema. Zweifellos eines der populärsten Medienereignisse war die Berliner *Internationale Bauausstellung (IBA)* von 1984 und 1987, ein ebenso trotziger wie modellhafter Versuch, einer ramponierten Stadt sowohl durch „behutsame Stadterneuerungen" als auch durch Implantation zeichensetzender, erlesen designter Einzelbauten Unverwechselbarkeit und vor allem

Handlungsanweisungen für den Städtebau der Zukunft zu geben. Begleitet wurde die *IBA* von einer Flut von Architekturwettbewerben und Projektausstellungen, darunter so anspruchsvollen wie *Das Abenteuer der Ideen,* einem waghalsigen und ehrbar gescheiterten Experiment, dem Handwerk der Architektur das Kopfwerk der Philosophie in bildhafter Transformation entgegenzustellen.

Als wahrhaft fokusbildend erwies sich die Gründung des Deutschen Architekturmuseums in Frankfurt am Main mit seiner Eröffnungsausstellung *Revision der Moderne* (1984), die die zwar längst etablierte, in ihrer internationalen, flutwellenartig verbreiteten Ausdehnung aber nur ahnungsweise begriffenen postmodernen Architektur popularisieren half. Auch die Ergänzungsausstellung *Vision der Moderne* (1986), die die konstruktivistischen Tendenzen der modernen Architektur zur Schau stellte, gab einem Aspekt des architektonischen Zeitgeistes einen diskutierbaren Umriß.

Ausstellungen, wenn sie denn Erfolg haben, zeichnen sich durch ein konspiratives Erscheinungsbild aus, ein Aufeinanderabgestimmtsein der versammelten Stücke und Denkfiguren. Es entstehen Leitbilder, welche latent vorhandene Stimmungen auf den Punkt bringen. Die letzte erfolgreiche Unternehmung dieser Art war die Ausstellung *Deconstructivist Architecture* (1988) im New Yorker Museum of Modern Art, die zwar in Fachkreisen umstritten blieb, der Öffentlichkeit aber deutlich machte, daß es neben der schon wieder in den Verdacht nostalgischer Einfalt geratenen postmodernen Architektur auch Konzepte gibt, die Widersprüchlichkeit und Vielschichtigkeit unserer Zivilisation in Bilder zu fassen.

Die achtziger Jahre lassen sich demnach als Epoche des definitorischen Überblicks schildern, ebenso als Dekade des Pluralismus, vielleicht aber auch als die eines neuen Eklektizismus. Die Vermutung des Eklektizismus liegt nahe, weil es eine Zeitspanne war, in der endlich umfassend begonnen wurde, die zwar kurze, aber dennoch intensive Geschichte der modernen Architektur wissenschaftlich aufzuarbeiten. Anstoß gab, daß sich in diesem Jahrzehnt die Geburtstage der meisten Heroen der zwanziger Jahre zum hundertsten Male jährten. Die Überblicksschauen vielerorts auf das Lebenswerk von Gropius, Mies van der Rohe, Bruno Taut, May, Schindler, Le Corbusier, Rietveld, Sant'Elia und anderen setzten zudem Impulse frei, die die Auseinandersetzung jüngerer Architekten mit ihrem eigenen Werk stark beeinflußten. Aus dem Dunkel des Vergessens tauchte strahlend die Gestalt Jakov Chernikhovs auf, des Projekteschmieds traumhafter

Metamorphosen von Maschinen und Häusern. So wurden nun auch Schulen wie die des russischen Konstruktivismus neu bewertet und kreativ verarbeitet; man betrachte nur die Projekte von Zaha M. Hadid oder Rem Koolhaas.

Doch wäre es falsch, die achtziger Jahre ausschließlich zum Jahrzehnt der Katalogisierung, gar des Epigonentums zu erklären. Allerdings ist womöglich die Zeit des eigenständigen, in sich selbst ruhenden Werks endgültig vorbei. Aufgrund der allgemeinen Verfügbarkeit aller Kommunikationsmittel ist die Unschuld des naiven, staunenden Blicks verloren gegangen, und wenn sie anscheinend noch da ist, dann handelt es sich letztlich um die mehrfach gebrochene, besonders komplizierte Variante des koketten Blicks. Wer über die Medien und damit über die Manipulationsmöglichkeit von Bildern verfügt, verfügt der am Ende nicht auch über die Körper? Das Informationswesen „überflutet unsere Bewußtseinskapazitäten in einer geradezu anthropologisch bedrohlichen Weise"[3], stellt Peter Sloterdijk in seiner *Kritik der zynischen Vernunft* fest.

Was macht die Mächtigen so mächtig? Sie gewinnen, weil sie selbst die geringfügigsten Hervorbringungen der Schwachen sich anzueignen verstehen und mit der Bravour des Machers auf einen verbesserten Standard bringen. Die ‚armen' Bauten der Dritten Welt mit ihren minimalisierten Konstruktionen, mit ihrem Rückgriff auf an Ort und Stelle verfügbare Materialien, mit dem Insistieren auf der Verwendung simpelster (von jedem handhabbarer) Werkzeuge hatten einen nicht zu unterschätzenden Einfluß auf das sogenannte alternative Bauen in der Ersten Welt und dieses wiederum auf die ‚kunstvolle' Architektur. Die tollkühn gefügten Konstruktionen Coop Himmelblaus oder Frank O. Gehrys erreichten ihre Lockerheit auch, indem sie sich von den wellblechenen und sperrhölzernen anonymen Basteleien im Niemandsland anregen ließen. Freilich sollte man nicht allein zynisches Sichanbiedern oder ein Gefallenwollen mit dandyhafter Zerschlissenheit in diesen ‚Aneignungsverfahren' sehen, sondern vor allem bei den Außenseitern und weniger Etablierten auch Rückzug und Kritik, ein Sichausklinken aus der großkotzigen Welt der Bürger mit ihren Repräsentationsbauten und Megastrukturen.

Demnach hat das Schlagwort vom ‚Pluralismus' seine Berechtigung, denn guten Gewissens kann man nicht von *der* Architektur der Epoche sprechen, die sich wie aus einem Guß darstellt. Im folgenden soll dennoch hauptsächlich von ‚künstlerischer Architektur' die Rede sein als einem intellektuellen Artefakt, dessen skulptural-kompositorische, literarisch gefärbte, minimalistisch-lakonische und auch manieristische Produkte als theo-

retische Denkfiguren zu sehen sind, als Prototypen einer konzeptuellen Architektur, die auf mehr als nur architektonische Inhalte hinweist.
Tatsache ist, daß der intellektuelle Architekt bewußt und vorsätzlich nicht nur Architektur, sondern auch seine Zeit reflektiert. Zwar spiegeln die Bauten des vergangenen Funktionalismus – trotz ihres Hangs zur Bedeutungsvermeidung – auch nicht allein sich selbst, sondern verweisen hochgestimmt auf ihre Zeit des *Ersten Maschinenzeitalters*[4], transportieren die Visionen einer reibungslos funktionierenden ‚Neuen Welt', dies jedoch eher widerwillig, da dem sachlichen Geist der taylorisierten Wohnung und der nüchternen, verwissenschaftlichten Hausproduktion so gar nicht gemäß. Überredungscharakter und darstellerische Qualitäten gewann die Architektur erst wieder in der hier behandelten Epoche. In Reaktion auf die verschlissene Moderne übte sie sich nun in Trotz- und Widerspruchsgebärden.
Was von der Moderne als Errungenschaft gefeiert worden war, das Verschwinden der Geschichte und der Traditionen, das Entzerren der einzelnen Funktionen von Haus und Stadt, das Isolieren der unterschiedlichen gesellschaftlichen und privaten Forderungen, kurz, die mathematische Überschaubarkeit des architektonischen Prozesses, all das sollte plötzlich nichts mehr gelten. Widerspruch, Labyrinthisches, unklar Gemischtes, die ästhetische Trivialität, die vorgetäuschte Verwendung scheinbar erbeuteter Spolien, die Maskerade und die Lust an der Camouflage schoben sich in den Vordergrund – zum Entsetzen derer, die die von der Moderne eroberten Prinzipien Ehrlichkeit oder Durchsichtigkeit hochhielten. Die Postmoderne triumphierte, für die Fanatiker des Funktionalismus ein obszönes Ereignis. Folgerichtig bezeichnete sich denn auch Philip Johnson (wohl der erste der prominenten Modernisten, der die Fronten wechselte) selbst als Hure, die es jedem Auftraggeber recht mache. Wie ein Springteufel erschien sein AT & T-Tower auf der Szene, dank seiner mächtig erigierten Gestalt, vor allem dank seiner schwülen Sprenggiebelbekrönung ein Aphrodisiakum für die Lebemänner aus Werbung, Geschäft und Architektur. Ein Dekorationsstück, als gelte es, den Beweis zu führen, daß es „einen guten Geschmack des schlechten Geschmacks gebe"[5].
Architektur wird nun verlockend, zweideutig, ja vieldeutig. Aber die Behauptung, vieldeutig sei die Welt, ist den Funktionalisten, besser gesagt, den Zweckrationalisten, die auch heute noch den überwiegenden Teil der Gebrauchsarchitektur fabrizieren, und im Grunde auch allen anderen, die Architektur machen, von jeher verdächtig erschienen. Philosophie ist ihnen Geschwätz. Utopische Architektur verwässerte ehemals zur For-

derung nach Hygiene und Elektrifizierung und ist heute abgeflacht zum Minimalanspruch, brauchbar zu sein. Man muß sich jedoch darüber im klaren sein: Es gibt für Architekten keinen anderen Pfad, um Welt zu erfahren, als den durch den Tunnel des Funktionalismus, selbst dann, wenn sie nicht bauen, sondern nur zeichnen. Nie jedoch ist der Funktionalismus so in Mißkredit geraten wie in jüngster Zeit. So verkörpert der Architekt der achtziger Jahre mehr denn je das haßliebende, entwurzelte, nirgendwo verhaftete, schwebende Außersichsein: Alternde Männer im Seidenanzug und tomatenroten Turnschuhen mit aufgekratzt-schlüpfrigen Gesten und sardonischem Gelächter, die sich aller Masken der Harmlosigkeit, Weltläufigkeit, Zynismus, Spontaneität, Tiefe oder Genialität zugleich bedienen, hohle Figuren, die ihr Handwerk zur Selbststilisierung mißbrauchen – Hollywood als Lebensform.

Das mag erklären, warum sich kaum Nachdenklichkeit einstellt, warum sich entgegen allen Beteuerungen an der Substanz von Architektur nichts ändert, auch wenn Gesellschaftssysteme sich umkrempeln. Das mag erklären, warum ein großer Teil der Architekturproduktion der frühen achtziger Jahre im Rückblick lediglich den Eindruck geschminkter Banalität macht, warum Vieldeutigkeit nur als Schauspielkunst aufscheint und nicht als strukturelle Eigenschaft. „Die Beständigkeit, die selbst in der frivolsten Architektur steckt, und die Instabilität der Metropole sind unvereinbar. In diesem Konflikt ist die Metropole per definitionem auf der Gewinnerseite."[6] Auch wenn Rem Koolhaas in dieser Bemerkung die Stadt (unzulässigerweise) zum krakenartigen Lebewesen metamorphisiert, das sich im Kampf mit den Gewalten durchsetzt und Freiraum verschafft, setzt er immer noch eine höhere, die Stadt regulierende Ordnung voraus. Realität aber ist, daß Koolhaas' „Instabilität" den Charakter des Pulsierenden verliert, chaotisch und unbeherrschbar wird. Die wuchernden ‚Megastädte' der Dritten Welt, die Unmöglichkeit, sie zu regieren, zeigen es. „Wichtiger als die Gestaltung der Städte ist heute und in naher Zukunft die Gestaltung ihres Zerfalls"[7], postuliert Koolhaas im selben Interview, halb hoffnungsvoll, halb resignierend Strategien erwartend, die sich durchsetzen lassen. Der japanische Architekt Kazuo Shinohara hingegen feiert die „Schönheit des Chaos". Er sagt: „Das Durchschreiten von Räumen, in denen eine vielschichtige Struktur von Fragmenten aus völlig unterschiedlichen Zusammenhängen freiliegt, macht unterschiedliche ‚Lesarten' der Stadt möglich". Er folgert daraus, „daß diese Vitalität, die eine Stadt durch den Katalysator des seltsamen, irrationalen Mechanismus des Chaos erhält, etwas sehr Wertvolles ist"[8].

Allgemein aber machen sich Gefühle der Unsicherheit, des Überwältigtwerdens, der Hilflosigkeit, einer unaufhaltsamen und irreversiblen Katastrophe breit: Panik. Reagiert wird mit falschem Frohsinn und ins Leere laufender Betriebsamkeit. Wie naiv, wie lebensfern wirkt unter diesen Auspizien der Versuch, das beobachtete Aus-der-Kontrolle-Geraten mit formalen Mitteln zu bändigen, sozusagen den „Begriff der Explosion in die Architektur einzuführen"[9], wie Zaha M. Hadid es erprobt. Das Dilemma ist, daß es kaum andere Möglichkeiten gibt, als sich einzureden, man könne den bedrohlichen Zeitläufen mit einfühlsamen Metaphern, gleichsam parasitärem Stückgut, an den Nerv gehen.

So sei die *erste These* zur Architektur der achtziger Jahre formuliert: Eine zerspringende Welt wird zur scheinbar zerspringenden Welt erklärt, wird durch Stilisierung künstlich und unwirklich und damit zum manipulierbaren Produkt einer dramatisierenden Phantasie, wird letztlich als ästhetische Konstruktion wieder verwandelbar und beherrschbar.[10]

Daraus ziehen postmoderne Architekten ihre Legitimation. Indem sie eine intakte Vergangenheit, wohl wissend, daß es sie so nie gegeben hat, beschwören, glauben sie, alle entstandenen Risse und Lecks mit zitierenden Bauformen und Ornamenten verstopfen zu können. Zugleich aber setzen sie auch auf den Charakter des Flaneurs und des Selbstdarstellers und wollen diesem den öffentlichen Raum – Straße und Platz – zum Raum der Zwiesprache und der Gefühle umgestalten. Der Glaube versetzt Berge, die öffentlich vorgetragene Emotion verbannt Kälte und Härte aus unserem Gesichtskreis: Wenn es denn so wäre!

„Wenn Architektur im menschlichen Bewußtsein überleben soll, muß das, was Bauten sagen – ob wehmütig, weise, kraftvoll, sanft, ketzerisch oder albern –, auf das breite Spektrum menschlicher Gefühle ausgerichtet sein"[11], sagt Charles Moore und meint, wie aus dem weiteren Text ersichtlich, auch die Umkehrung: Wenn denn der Mensch überleben soll...

Der Vorsatz und auch der Verdienst, mit dem die Architekten der Postmoderne antraten, war die Nobilitierung des Straßenraums, der nun nicht mehr allein Funktionsraum, Verkehrs- oder Grünraum blieb, sondern sich zum ‚Stationentheater' veränderte, zur Bühne für den emotional so verhärteten und gerade darum nach gefühligen Stimmungen lechzenden Stadtbewohner. Es war der Versuch, die Öde und Zugigkeit, die bedrückende Wüstenei der Innenstädte aufzuheben und zum Erlebnisraum umzugestalten. Ein nicht zu unterdrückender Hang zur kleinstädtischen Raumvielfalt, zum disparaten Nebeneinander prägnanter Kleinformen ver-

breitete sich wie ein Gegengift zu den monotonen Reihungen der Bauelemente, ob senkrecht oder waagrecht, die allein nach dem Prinzip Reproduzierbarkeit geformt schienen. Die Bauwerke wurden nun in kleinmaßstäbliche Kompartimente gegliedert, die ein zufälliges Benachbartsein, eine fast mittelalterliche Wirrnis, ja, die den heilsamen Schreck erzeugende Karambolage der Einzelformen suggerieren sollte.
Hans Holleins Museum in Mönchengladbach (1982) oder James Stirlings Staatsgalerie in Stuttgart (1984) zeigen das Prinzip ‚zerpflücktes und wieder collagiertes Bauvolumen' auf ähnliche Weise – trotz unterschiedlicher Formensprache: hier mehr der Moderne verpflichtet, dort die Moderne spottlustig kostümierend. Beiden Museen ist ihr Sicheinlassen auf den Ort, den Genius loci, die Situation am Hanggelände gemein. Die Gehäuse graben sich in den Berg, als gelte es, sich immer und ewig anzuklammern, als gelte es, sich zu verbergen und zugleich kokett und verlockend sich darzubieten. Beide, Hollein und Stirling, bemühen ungeniert die Mythologie: In Mönchengladbach gelangen die Besucher durch einen kleinen, kostbar verkleideten Tempel in die museale Unterwelt, in Stuttgart umklammert der Bau eine große, eindrucksvolle Rotunde, in der scheinbar weihevolle Rituale ihre Spuren hinterlassen haben. Auch hier führt ein halb versunkener Eingang ins Erdreich.
Zwar wohnt Museen aufgrund ihrer unterschiedlichen Einzelabteilungen schon die Tendenz zum Zersplittern inne, man denke nur an das Stilgemenge in den Kabinetten der gegen Ende des 19. Jahrhunderts entstandenen deutschen Landesmuseen. Man könnte also die beiden erwähnten Museen als Sonderfälle im Architekturgeschehen betrachten. Aber hier handelt es sich doch um einen über die Spezialaufgabe hinausgehenden Trend, der sich selbst im Kleinsten artikuliert, zum Beispiel in Frank O. Gehrys Winton-Gästehaus (1986). Auch dort stellt sich weniger ein formales als ein strukturelles Entwurfsproblem: Jeder Einzelraum schert aus dem Verbund aus, schafft sich Platz, wehrt sich gegen das intime Miteinander zu benachbarten Räumen, behauptet seine Prägnanz und Einzigartigkeit, schürt den Konflikt, ermuntert von der Gewißheit seines Erbauers, daß das aggressive Gespräch der Steine in Anbetracht der tödlichen Stille in den allabendlich ausgestorbenen Straßen heilsam und klärend sei. Sowohl Stirlings Wissenschaftszentrum (1987) in Berlin als auch Koolhaas' Nederlands Dans Theater (1987) in Den Haag beweisen zudem, daß selbst größere, funktional nur schwer zu trennende Baumassen sich derart als Collage von gleichen unter gleichen Räumen zusammenstellen lassen. Während in Louis Kahns Denkgebäuden

Rem Koolhaas, Nederlands Dans Theater, 1987

den ‚dienenden Räumen' noch eine bescheidene Würde zugesprochen wurde, sind sie hier zu notwendigsten, belanglosesten Verknüpfungen geschrumpft.
War die eine Entdeckung der Postmoderne der traditionsbewußte, öffentliche Raum, so die andere, daß Fassaden nicht nur verpackende Hüllen, also Raumabschlüsse sind, sondern zugleich ‚Gesichter', Oberflächen, die sich abhängig von den Emotionen der Erbauer oder Bewohner des Hauses kräuseln, sich mitunter freilich auch – wie eh und je – zu Einschüchterungsgrimassen verzerren. Kaum entschuldbarer ist dieses Sichaufblähen, wenn nicht nur Konzerne sich so darstellen, sondern wenn auf zynische Weise Konfektionsware für den geschmacksunsicheren Kleinbürger produziert wird. Ricardo Bofills Vorstadtsiedlungen rund um Paris haben deshalb nicht umsonst erbitterte Kritik auf sich gezogen.
Die Bezeichnung ‚Postmoderne' stellt sich als immer unbrauchbarer heraus. Im Gewirr der globalen Konflikte ein wenig die Illusion heimatlicher Sicherheit zu entwerfen, Orte der Selbstvergewisserung zu schaffen, worauf letztlich ihr Credo hinausläuft, ist zwar sicher ein ehrenwertes Vorhaben, verformt zwar die Gestalt der Häuser, erweist sich aber in seinem harmonisierenden Anspruch als weltfremd und flach. Andererseits ist die Postmoderne doch nur die Kehrseite einer Medaille. Ist nicht auch der ihr nachfolgende Dekonstruktivismus angetreten, von den Zeitläufen zu sprechen, statt sie zu verschweigen? Der Unterschied ist jedoch der, daß der dekonstruktive Architekt die Konflikte nicht entschärfen will, sondern sie im Gegenteil benennen und durch isolierende Darstellung ins Rampenlicht rücken möchte. Architektur stellt sich als Ort absichtsvoller Konflikte dar.
Griff schon die postmoderne Architektur nur oberflächlich auf die im Entstehen begriffene Diskussion über bislang verpönte Begriffe wie den der ‚Heimat' zurück, so ist auch die härtere Gangart des Dekonstruktivismus eingebunden in längst geführte Gespräche über Gesellschaft und Ästhetik. „Kunst ist [...] die Botschaft der Spannung, des gesellschaftlich nicht Erlösten. Kunst ist [...] das große Reservoir des geformten Protestes gegen das gesellschaftliche Unglück, der die Möglichkeit des gesellschaftlichen Glücks durchschimmern läßt."[12] Leo Löwenthals Bemerkung in einem 1979 geführten Interview enthüllt deutlich, wie auch die Ideen des Dekonstruktivismus nicht aus sich heraus entstehen, sondern in die Traditionen der Moderne hineinpassen.
Unbestritten geht es den Dekonstruktivisten nicht um die billige Analogie: kaputte Welt – kaputte Architektur. Es sind strukturelle Übereinstim-

mungen, die, in Stein oder Stahl umgesetzt, den Zustand der Welt entlarven möchten.[13] Folgt man den architekturtheoretischen Texten von Rem Koolhaas oder Bernard Tschumi, so wird klar, daß es ihnen darum geht, die Ausdrucksmöglichkeiten von Architektur auszuweiten, die Bewegung, die Aktion, die Überlagerung der Strukturen, Konflikte und Widersprüche, auch das Absurde als Themen von Architektur einzuführen.

So sei, im Widerspruch zur ersten, die *zweite These* zur Architektur der achtziger Jahre formuliert: Ein unübersichtlicher, undurchdringlicher, von Feindschaft und Kampf bestimmter Weltzustand wird als solcher akzeptiert und analysiert. Es werden Strategien entwickelt, die anhand von Analogien und Metaphern versuchen, die Vielschichtigkeit und Verknüpfungen von Materie und Geist darzustellen und transparent zu machen. Ein Experiment, Realität erfahrbar zu machen, ja, Realität herzustellen.

Für Bernard Tschumi bedeutet Realität Komplexität; er arbeitet mit antithetischen Konzepten. Sein ausgeführtes Projekt für den Parc de La Villette (1988) in Paris zeigt seine rigide, konfliktreiche Situationen geradezu herausfordernde Vorgehensweise. Er entwickelt voneinander unabhängige Pläne mit Punktrastern, Planunterlagen für Wege oder für Raumkanten, die, übereinander projiziert, sich gegenseitig stören. Genau diese Störstellen begreift Tschumi als Qualität seiner Planung. Sie werden sorgfältig bearbeitet – mit dem Vorsatz, die entstandene Spannung zu konservieren oder gar zu verstärken. Tschumi entwickelt also eine Art gesteuerten Zufall, wie ihn bereits die Surrealisten kannten. In seiner *Disjunktionentheorie* schreibt er: „Konfliktsituationen werden sorgfältig aufrechterhalten, und Synthesen oder Einheit werden verhindert. Das Projekt wird weder zu Ende geführt, noch sind Grenzen jemals definitiv."[14]
Aber auch die Bewegung im Park wird zum Architekturthema, die Fahrt der Kamera im Filmstudio wird zum erinnerten Vorbild des Entwerfers. Die Knoten des über den Parc de La Villette gelegten Rasters sind von würfelförmigen Gehäusen, abstrakten, wie aus Legosteinen gebauten Konstruktionen besetzt, die, einander verwirrend ähnlich, beim Durchwandern des Parks den Eindruck des Déjà vu erwecken und allmählich im Gedächtnis zu einer einzigen Gestalt verfließen, deren Volumen allerdings in steter Veränderung und Drehung begriffen zu sein scheint. „Man arbeitet sowohl in der Disziplin der Architektur als auch im Bewußtseinsspektrum anderer Gebiete – Literatur, Philosophie oder sogar Filmtheorie."[15]

Kann man eine solch unanschauliche Disziplin, wie sie die Philosophie darstellt, in greifbare und handfeste Bilder umsetzen? Mit sisyphusartiger Beharrlichkeit geht Daniel Libeskind ans Werk, den anscheinend unabänderlichen Widerspruch zwischen Idee und Substanz, zwischen Geist und Materie zu lösen. Die ruppige Rigorosität seiner letzten Projekte, vor allem der für die *IBA* entwickelten Berliner Stadtkante (1987), macht seine Verzweiflung darüber deutlich, daß eine unüberwindliche Kluft zwischen dem Gedachten und dem Produzierten bleibt: Libeskinds Entwurf zeigt ein ungeschlachtes Stadtmonstrum, überzogen von einer hermetischen und unverständlichen Texttapete. Er nimmt dabei in Kauf, nicht verstanden zu werden, nicht aus manieristischer Koketterie, sondern tatsächlich aus tiefster Melancholie und ebenso tiefer Unsicherheit, wie denn Authentizität zu erreichen sei.

„Die wirkliche Definition des Realen lautet: Das, wovon man eine äquivalente Reproduktion herstellen kann", schreibt Jean Baudrillard und ergänzt: „Am Ende dieses Entwicklungsprozesses der Reproduzierbarkeit ist das Reale nicht nur das, was reproduziert werden kann, sondern das, was immer schon reproduziert ist. Hyperreal."[16]

Wenn dem so ist, ist Architektur nicht als Abbild, nicht als Interpretation von Welt wünschbar – wie bei Tschumi –, sondern muß real und störend im Wege stehen, Materie sein, an der man sich stößt. „Architektur muß brennen", heißt denn auch das mittlerweile geflügelte Wort der Wiener Gruppe Coop Himmelblau.

Die neue Architektur, die in den reichen Partien der Welt aus dem Wust des Gebauten auftauchte, aus den brutal kalkulierten Ablagerungen von Funktionsflächen, aus den heimlichen Kerkern einer normierten Gesellschaft, sie schien zeitweise ein mageres Glück zu versprechen und wurde doch binnen kürzester Zeit korrumpiert. Man hätte es ahnen können: Werbung und Kapital bemächtigten sich der Schönheit. Da funkeln Kristalle in den Städten auf und sind doch nur glitzernde Masken, hinter denen um Profit gekämpft wird, süße Fratzen, die – trojanischen Pferden gleich – die Absicht der Stadtzerstörung verbergen, der Vernichtung von Vielfalt und Geheimnis, der Vertreibung des Wohnlichen, dem Abwürgen der Gespräche und des Miteinanderseins.

Das beinahe groteske Vorhaben des Leon Krier, Stadt als Ort der Stille, Einfalt und Würde zu rekonstruieren, indem er auf die Formen des Klassizismus, ja, ferner noch, des römischen Imperiums zurückgreift und sich nicht scheut, in die Nähe faschistischer Ideologie zu geraten, gewinnt so fast tragische, eher jedoch Don-Quichotehafte Züge – durchmischt

Filmszene aus „Batman", 1989, Regie: Tim Burton

mit naiver, beschwörender Geisterabwehr und geradezu paranoider Weltsicht. Aber nicht nur Krier, der Außenseiter, sondern auch im Alltag standfestere Architekten geraten in immer wahnähnlichere Beziehungen zu ihren Projekten. Wie Günther Domenig mit seinem Kärntener Steinhaus (seit 1985) versinken sie in autistische, selbstverliebte Spiele. Ihre Gespräche verstummen. Die Übereinkünfte schwinden. Sie werden unduldsam gegenüber dem Normalzustand ihrer Umwelt. Denn obwohl die Konstruktionen längst erprobt, die Materialien bewährt sind, wird getüftelt und experimentiert – in der Hoffnung, im Abseits winke die Befreiung aus dem Raster des Gewöhnlichen. Konstruktionen werden zu Skulpturen, Details werden geschliffen und poliert und zu Symbolen des Außergewöhnlichen aufbereitet. Einige wenige Beispiele: Jean Nouvel erfindet für die Glasfassade seines Institut du Monde Arabe (1987) in Paris statt der gewohnten Jalousien eine hochkomplizierte Blendenautomatik, die, wie zu erwarten, nach kurzer Zeit den Dienst verweigerte. Richard Rogers entblößt die Eingeweide des Lloyds Buildings (1986) in London in geradezu exhibitionistischer Manier und stülpt sie sadistisch nach außen. Norman Foster dagegen übertreibt das Skelett seiner Hongkong-Bank (1986) zu beinahe militanten Ausmaßen, wie im Verfolgungswahn geschaffen. Da wirkt das Ziselieren der Oberflächen und ihr Überkrusten mit immer kostbareren Verfeinerungen an der Landeszentralbank (1988) in Frankfurt am Main[17] schon wieder fast zu harmlos, fast zu gefallsüchtig aufgetakelt, in der unmäßigen Schmuckwut jedoch auch vergleichbar der Monomanie im Palais Ideal (1879-1912) des Briefträgers Cheval. Am ungeheuerlichsten wirken die von privater Obsession und zugleich wohlkalkulierter Eigenwerbung geprägten Bauten von Shin Takamatsu. Ihm gelingt ein fotogenes Gemenge aus alptraumhaften Formen kriegerischer Herkunft und den nüchternen Industrieprodukten unseres Maschinenzeitalters. In einer bildersüchtigen Zeit geraten die im Kopf katalogisierten Bildsequenzen immer häufiger durcheinander. Traumbilder verdrängen die Wirklichkeit, Interessantheit die Vision. Die große Maschine in Fritz Langs Film *Metropolis* wird von Takamatsu in die Realität übersetzt, und Hollywood, stets auf der Suche nach Zeichen, die das Sosein der Gegenwart auf den Punkt bringen, übernimmt wiederum Takamatsus Adaption und führt sie zurück in die Traumwelt. Kulissen in der neuesten Batman-Verfilmung (1989) haben ihr Vorbild in Takamatsus Zahnarztklinik (1983) in Kioto.

Marie-Theres Deutsch und Klaus Dreißigacker, Ausstellungsbau „Portikus" in Frankfurt, 1988

So mag das zum Teil kokette, zum Teil obsessive Sicheinlassen auf wahnhafte Gedankenspiele ein Kennzeichen der jüngsten Epoche sein. Koste es, was es wolle: Die Bauten werden verhängt, verpackt, zugestellt, auseinandergerissen und neu arrangiert, konstruktiv verzerrt, geformt und zugleich zerstört, kostümiert und entblößt, geschmückt und getreten. Im selben Augenblick macht sich eine neue Sachlichkeit bemerkbar, ein erkenntnissuchendes und fast naturwissenschaftliches Einblicknehmenwollen in die Substanz, ein Erkennenwollen der unermeßlichen Vielschichtigkeit der Welt und der Versuch, mit dem Planungsprinzip ‚Überlagerung' und der Darstellung struktureller Konflikte den Schleier der Geheimnisse zu lüften.

Womöglich illustriert der kleine Bau des Frankfurter Portikus (1988), ein Ausstellungsraum, den Marie-Theres Deutsch und Klaus Dreißigacker unter Beratung von Kasper König konzipierten, besonders deutlich und ironisch die Kluft zwischen wahnwitzigem Anspruch und notdürftigster Mangelabhilfe, indem er das groteske Auseinanderklaffen zwischen der klassizistischen Monumentalfassade der ehemaligen Stadtbibliothek von 1820 und dem dahinter gestellten zweckdienlichen Container demonstrativ feiert: eine frivole Mesalliance zwischen ganz Tief- und ganz Hochstehendem, ein zeichenhafter Bau in widersprüchlicher Zeit.

Die Produzenten von Architektur haben jetzt vielleicht endgültig ihre kreative Unschuld verloren, den Glauben nämlich, nützlich zu sein oder Zukunft zu entwerfen. Die Architektur kokettiert, gefällt sich als Schauspiel, wiegt sich in Illusionen, flirtet mit dem Kapital, prostituiert sich, brüstet sich und entblößt wie im Rausch ab und an ihre bleichen Glieder – auf der verzweifelten Suche nach Identität. Anders als in den Elendsvierteln der Dritten Welt, wo sie, zum Skelett abgemagert, anonyme und armselige Realität verkörpert, endet in unserer Welt ihre Suche nach Wahrheit lediglich in Selbstbespiegelung. Hinter den zerbrechenden Fassaden blinken stets aufs neue weitere Scheinwelten auf.

Anmerkungen

1 Josef Paul Kleihues (Hg.), Dortmunder Architekturhefte, Bd. 3, Dortmund 1976, o. S.
2 Ebd.
3 Peter Sloterdijk, Kritik der zynischen Vernunft, Frankfurt am Main 1983, S. 562
4 Die aufregendste Auseinandersetzung mit diesem Thema ist zweifellos Reyner Banhams Theory and Design in the First Machine Age, London 1960 (dt. Ausgabe unter dem Titel: Die Revolution der Architektur, Reinbek bei Hamburg 1964, Neuausgabe Braunschweig/Wiesbaden 1990)

5 Susan Sontag, Anmerkungen zu ‚Camp', in: Kunst und Antikunst, Frankfurt am Main 1982, S. 322-341, hier S. 340
6 Rem Koolhaas, Die Illusion der Architektur, in: ARCH⁺ 86, August 1986, S. 40
7 Ebd.
8 Kazuo Shinohara, Tokyo – Die Schönheit des Chaos, in: ARCH⁺ 105/106, Oktober 1990, S. 48-50, hier S. 50
9 Zaha Hadid: Häuser können fliegen (Gespräch mit Alvin Boyarski), in: ARCH+ 86, August 1986, S. 28-33, hier S. 31
10 Nicht zufällig werden wir an die Schlüsselszene in Hal Ashbys Film Willkommen, Mr. Chance (1979) erinnert, in der der schwachsinnige Gärtner versucht, die ihm unliebsame Realität mit der TV-Fernbedienung abzuschalten.
11 Charles Moore, Eine persönliche Erklärung, in: Gerald Blomeyer und Barbara Tietze (Hg.), In Opposition zur Moderne, Braunschweig/Wiesbaden 1980, S. 64-71, hier S. 68
12 Leo Löwenthal, Mitmachen wollte ich nie. Ein autobiographisches Gespräch mit Helmut Dubiel, Frankfurt am Main 1980, S. 175
13 Im stillen fragt man sich freilich, ob hier nicht auch ein verqueres Märtyrertum durchscheinen will.
14 Bernard Tschumi, Disjunctions – Oper Tokio, Katalog der Galerie Aedes, Berlin 1987, o. S.
15 Ebd.
16 Jean Baudrillard, Der symbolische Tausch und der Tod, München 1982, S. 79
17 Der Umstand ihrer Vielzahl verbannt die Namen der Architekten hier in die Anmerkungen: Jochem Jourdan, Bernhard Müller, Sven Albrecht, PAS, und Norbert Berghof, Michael Landes, Wolfgang Rang

(1991)

Wahrheit, und sei es gegen eine Welt von Feinden.[1]
Eine Kompilation

Wenn wir bedenken, daß das, was wir „Wahrheit" nennen, abhängig ist vom Zeitgeschehen und vom gesellschaftlichen Umfeld, so sollten wir sie besser nicht „ewig" nennen. Von wechselnden Konnotationen geprägt, scheint sie biegsam zu sein, gewissermaßen Korpuskel und Welle zur gleichen Zeit. Die rasante Entwicklung der neuen Medien, ihre Raffinesse, bewirkt zunehmend die Verwechselbarkeit von Schein und Realität. Vilem Flusser zum Beispiel schlägt deshalb vor, statt von Realität besser von Möglichkeitsfeldern zu sprechen. Wir schauen durch die Fenster unserer Augen auf das Fenster des Bildschirms und wissen nicht, ob es den Blick auf die Wirklichkeit oder auf eine Inszenierung öffnet. Die Realität wird zur Glaubenssache, ohne daß uns die Absurdität dieses Vorgangs recht bewußt wird.

Dennoch: Wir leben im Jahrhundert der „Wahrheit": hintergrundbeleuchtet, unverfälscht, entlarvend. Gleichzeitig leben wir im Jahrhundert der Ideologie, der Tarnungen und Selbsttäuschungen. Mit welch fragwürdigem Nachdruck wurde bis über die Zeit des Jugendstils hinaus das Ätherische alles Künstlerischen, ja dessen kaum verbrämte Stellung als Religionsersatz behauptet! Die Kunst enthüllte angeblich das Wesen der Dinge und stieß ins Transzendente vor. Doch ebenso ging es um Pfründe. Malerfürsten wie Lenbach, Architekturdiplomaten wie Muthesius, Dichterpriester wie George kultivierten ein sublimes Auftreten, wie es heute nur noch oberflächlichst in Yuppi-Maskeraden anzutreffen ist. Im Wahrheitsstreben, verknüpft mit Geniekult, subtilen Auswirkungen des Kulturkampfes (im deutschen Kaiserreich), elitärer Kumpanei und moralisierender Beschwichtigung, schien es doch nur ein vorrangiges Ziel zu geben: im kleinen Kreis unter sich zu bleiben und das Erstarken des Proletariats einzudämmen. In den Architekturmanifesten der Moderne, rechten oder linken, traditionellen oder avantgardistischen, finden sich nicht nur Realitäts- oder Wahrheitsvokabeln, sondern auch verräterische Vertuschungsmanöver. Noch das *Bauhausmanifest* von 1919 mutet uns merkwürdig hochgestimmt und über den „Realitäten" schwebend an: „Gnade des Himmels läßt in seltenen Lichtmomenten, die jenseits seines [des Künstlers] Wollens liegen, unbewußt Kunst aus dem Werk seiner Hand erblühen..."[2], und zum Ende gar wird der „Bau der Zukunft" phantasiert „der aus Millionen Händen der Handwerker einst gen Himmel steigen wird als kristallines Abbild eines neuen kommenden Glaubens"[3].

Im Überschwang, über den Niederungen der Arbeitswelt schwebend, werden Berührungsphobien verborgen, aber zugleich wird die unglückliche Liebe des Theoretikers zur Praxis enthüllt. So fordert das Bauhausmanifest (ähnlich wie zuvor schon van de Velde), daß der Künstler wieder zum Handwerker werde, daß er gewissermaßen auf den Boden der Tatsachen zurückgeholt werde, das Nebulöse aufgebe und mit der Realität konfrontiert werde. Der „Boden der Tatsachen" aber ist die „Realität des Lebens".

Führung im Architekturgeschehen wird beansprucht, indem man behauptet, die Wahrheit zu kennen. „Real" sein bedeutet, zur Speerspitze der weltbewegenden Mächte zu gehören, also am Prozeß des Fortschritts und dem Sprengen der verkrusteten Panzer beteiligt zu sein. So gibt

man vor, nicht mehr nur für die wirtschaftliche Elite zu bauen, sondern lieber unabhängig und für alle, und dementsprechend ungeschminkt. Man will „die neue Lebensauffassung in ein reines Licht stellen"[4], anders gesagt: „die Substanz des Lebens vermitteln"[5]. Es „muß die Idee ‚Kunst' als eine vom realen Leben getrennte Illusion verschwinden"[6], so daß „das völlige Verschmelzen der künstlerischen Form mit den Formen des Alltags"[7] erreicht wird.
Die Blickrichtung ist provokativ verändert. Formen des Alltags (und nicht mehr die des Feiertags) versprechen den frischen Genuß von Ursprünglichkeit. Das Einfache und Reine ist dem Ursprünglichen näher. Darum ist das Echte und Klare allem Übertünchten oder jeder Maske vorzuziehen. Wie es sich darstellt, unbedeckt und unschuldig, so hat die Kunst das Leben zu reflektieren. Die Banalität dieser Weisheiten verhindert nicht, sondern fördert geradezu ihre Verbreitung, so daß sich ihren Formeln unterwirft, wer nur in der Öffentlichkeit Einfluß nehmen oder bewahren will. Auch hier kann man „lechts und rinks" leicht „velwechsern" (Ernst Jandl). Das Verquaste finden wir in beiden Lagern. „Ich war der Ansicht, daß der Prüfstein der Kunst unserer Zeit ihre Wahrheit ist, doch ich kam zur Einsicht, daß das wesentlich Neue in ihrer Klarheit liegt."[8] Der Holländer Oud sagt dies leicht daher, ohne zu ahnen, welche Nachbarschaft ihm im nationalsozialistischen Deutschland noch erwachsen wird: „Wahrheit ist die Offenbarkeit dessen, was ein Volk in seinem Handeln und Wissen sicher, hell und stark macht. [...] Wissend-sein aber heißt uns: Der Dinge in Klarheit mächtig und zur Tat entschlossen sein."[9]
Die beiden Hauptrichtungen der Architektur der zwanziger Jahre sind bekannt: hier ein avantgardistischer Funktionalismus, dort ein sich bescheiden gebender Traditionalismus. Dennoch sind die Statements wenn auch in der Wortwahl zwar differierend, so doch im Inhalt einander erstaunlich ähnlich. Wenn die *CIAM-Erklärung* den Architekten als denjenigen beschreibt, „der die vollkommenste Kenntnis vom Menschen besitzt, der das illusorische Planen fallengelassen hat und durch richtige Anpassung der Mittel an ihre beabsichtigten Zwecke eine Ordnung schaffen wird"[10], so könnte man bruchlos fortfahren mit einem Text konservativer Herkunft, der die „Eigenart des Stadtbildes" evoziert: „Sie bezeugt das Dasein ursprünglicher Lebensregungen, aus denen entschiedene, klare Gestaltung hervorgeht."[11] So mag Rudolf Pfister Schultze-Naumburgs Bauten mit der „inneren Schönheit, der Gesinnung der alten Werke, [...] der wesenhaften Form der einfachsten volkhaften Baugebilde"[12] vergleichen – uns mag die Ausdrucksweise verblasen erscheinen, aber wenn

wir abwägend nach dem Sinn von Gropius' Gedanken fragen, der von der „organischen Gestaltung der Dinge aus ihrem eigenen, gegenwartsgebundenen Gesetz heraus, ohne romantische Beschönigungen und Verspieltheiten"[13] spricht, könnten wir allzu leicht verwechseln, welche Fanfare wir aus welchem Lager vernehmen.
Aus der Distanz der Jahrzehnte erscheinen uns die Meinungen gar nicht so unterschiedlich, sondern verschwommen und austauschbar. Inflationär werden Alltag, Leben, Volk und Gegenwart beschworen, ebenso das Elementare, die Reinheit oder das Kristalline, all jene Versuche, das Unverfälschte und Ursprüngliche herauszuschälen und damit nach der Katastrophe des Weltkriegs einen Neubeginn vorzuschlagen. Doch die Versessenheit auf Echtheit bleibt im Irgendwie und Vagen stecken. Seltsam oberflächlich und klischeehaft, lustlos in der Analyse, doch kämpferisch im ideologischen Ton, scheint das Interesse mehr am Beharren auf dem Erreichten als am Wandel zu liegen. Was das vielbeschworene Echte oder Wahre nun sei, darüber schweigen sich nicht nur die theoretisierenden Architekten aus. „Alles Verwickelte, alles Problematische schiebt man beiseite. [...] Man mutet sich nicht mehr zu, als man zu erfüllen vermag. Man stellt sich keine hohen Ziele hin, die man zu verraten in Gefahr käme. Man ist etwas skrupellos, aber man hat sich die Skrupellosigkeit zugebilligt. Man kann sich bejahen, wie man ist; man hat nichts zu verbergen"[14], sagt 1930 – die Zeitstimmung reflektierend – der Kulturphilosoph Broder Christiansen. So ist Le Corbusiers Wort von der „Kollektivleidenschaft", die „aufgewacht [sei] unter dem Drucke der brutalsten Not, geleitet von einem Gefühl für Wahrheit"[15] ebenso nichtssagend wie seine Behauptung „Stile sind Lüge"[16], die eher an das bekannte Paradox „Alle Kreter sind Lügner" erinnert als an eine erhellende Wahrheit. Zwar artikuliert Theodor Fischers Fluch „Der Teufel hole die Stilomanen!"[17] das gleiche, aber dies im liebenswert subjektivem Ton und keinesfalls unangenehm apodiktisch.
Zu vermuten ist: Man war im Wort so leichtfertig, weil man, gleich einem Hochstapler, seiner eigenen Wahrheit nicht traute. Obwohl man aufgrund der neuen Physik Realität längst nicht mehr als unumstößlich Handgreifbares annehmen konnte, tat man, als sei die Welt säuberlich nach Subjekt und Objekt zu scheiden. Ja, an diese Scheidung klammerte man sich, als sei sie ein Sicherheitsversprechen.
Wahrheit oder Lüge, Sein oder Schein: Etwas zu einfach sind diese Kriterien, um sich in der Welt zurechtzufinden. „Unscheinbar ist, was Unschein in sich trägt [...]. Unschein ist das Gegenteil von Schein, und

darum ist es Sein – sehr einfaches, natürliches Sein"[18], philosophiert, ungewollt kalauernd, Schmitthenner in seiner später so einflußreichen *Baugestaltung*. Ebenso schlicht hatten Gabo und Pevsner in ihrem *Realistischen Manifest* von 1920 behauptet: „Alles ist Lüge [...], nur das Leben und seine Gesetze sind wahr [...], die Wirklichkeit ist die höchste Schönheit."[19] Ebenso banal schiene uns die Aufforderung, Tag und Nacht voneinander unterscheiden zu lernen. Gerade dies aber forderte Gropius 1919 in einem Flugblatt: „klare Wasserscheiden zwischen Traum und Wirklichkeit, zwischen Sternensehnsucht und Alltagsarbeit."[20] Auch wenn uns die Verwechselbarkeit der Aussagen bekannt ist, nehmen wir doch verblüfft das Swastikazeichen (welches damals allerdings noch nicht nationalsozialistisch besetzt war) auf jenem Flugblatt wahr. Zeichen, Worte und Wahrheiten sind anscheinend überall, wirklich überall „richtig".
Es bleibt ein Scheingefecht der Worte. Spricht der eine von den Hausgesichtern, die „einen ganz bestimmten Ausdruck zur Schau [tragen], an dem man sie erkennt und an dem man auf ihre innere Verfassung schließen kann"[21], so meint der andere Wahlverwandte: „Von innen nach außen [...], derartige Lehren haben sehr grobe Haken."[22] Wird in einem Fall die diskrete Abschirmung empfohlen – „Es fehlt uns das Können, alles so zu zeigen, daß die Offenheit nicht uns und andere geniert oder kränkt, und so müssen wir viel verstecken"[23] –, so preist der Zeitgenosse: „Hoch das Durchsichtige, Klare! Hoch die Reinheit! Hoch der Kristall! [...] und hoch das ewige Bauen!"[24]
Es mag sein, daß uns nach der Postmoderne solcherart Pluralismus unbewegt läßt; damals allerdings, als man noch hoffte, „die illusionistische Weltanschauung in all ihren Formen (Religion, Natur und Kunstbetäubung usw.) vollkommen zu vernichten und zugleich eine elementare Welt von exakter und prachtvoller Wirklichkeit aufzubauen"[25], wurden die Gefechte in höchster Wut ausgetragen. Erinnert sei nur an die Kontroverse um die Stuttgarter Weißenhofsiedlung mit dem Gegenschauplatz Kochenhof. Um so seltsamer – und den „Pluralismus" noch überbietend – scheint uns daraufhin Mendelsohns Feststellung: „Selten [...] hat sich die Ordnung der Welt so eindeutig offenbart, selten nur der Logos des Seins weiter geöffnet als in dieser Zeit des vermeintlichen Chaos."[26] Wenn in annähernd gleicher Zeit mit Emphase soviel ungleiche Meinungen zum gleichen Thema vorgetragen werden, dann keimt der Verdacht, daß wir es trotz allgemeinen Tummelns im Begriffsfeld ‚Wahrheit' mit Ideologie zu tun haben. Halten wir getrost den Satz im

Dritten Stijlmanifest für zynisch: „Nur die Träger des Geistes sind aufrichtig."²⁷
Wir leben im Jahrhundert der Wahrheit: hintergrundbeleuchtet, unverfälscht, entlarvend. Gleichzeitig leben wir im Jahrhundert der Ideologien, der Tarnungen und Selbsttäuschungen. Aber wir leben auch im Zeitalter der „Werbung", perfekt und zugleich durchschaubar in ihrer Irreführung. Die Fiktionen der Werbung gaukeln süchtig machende Lebensentwürfe vor. Doch bekanntlich werden wir abgestoßen, indem wir die Produkte ergreifen. Vielleicht spielen wir das Spiel, weil wir um seine Substanzlosigkeit wissen, weil wir das schwebende Auf und Ab des Waagbalkens genießen. Wahrheit und Fiktion sind gleichgewichtig geworden. Die Pop Art hat es vorgeführt, und die Postmoderne ahmte es nach: das Schauspiel von Maske und Entblößung, die Inkorporation der Welt des Konsums, die Verquickung von Trivialität und Kunst. Es sieht fast so aus, als erscheine uns die unsaubere Vermengung von Realität und Irrealität echter als jeder Pluralismus. Venturi verficht deshalb den Widerspruch und eine teilweise kompromißlerische Architektur: „Der Architekt, der sich zu seiner Rolle als Kombinator bedeutungsvoller alter Klischees [...] innerhalb neuer Zusammenhänge bekennt, [...] kann indirekt und mit Ironie etwas Wahres über die verkehrte Wertordnung dieser Gesellschaft aussagen."²⁸ Das heißt aber auch: Die Wahrheit steckt nicht in der Welt, sondern in den Köpfen. Allerdings gehören die Köpfe zur Welt.
„Alles, was phantastisch sich einstellt, stimmt. Alles andere hat die Gefahr des Ausgedachten. Glaub dir, und wenn es noch so phantastisch war – gerade wenn es phantastisch war"²⁹, sagt Peter Handke.

Anmerkungen

1 Frank Lloyd Wright, zit. nach Robert Venturi, Komplexität und Widerspruch in der Architektur, Braunschweig 1978, S. 25
2 Zit. nach Ulrich Conrads (Hg.), Programme und Manifeste zur Architektur des 20. Jahrhunderts, Braunschweig 1974, S. 47
3 Ebd.
4 Erstes Manifest des Stijl, zit. nach Conrads, a.a.O., S. 37
5 Laszlo Moholy-Nagy, Notizbuch vom 15. Mai 1919, zit. nach Ausst.-Katalog Tendenzen der zwanziger Jahre, Berlin 1977, S. 1/92
6 Theo van Doesburg und Cornelis van Eesteren, Auf dem Weg zu einer kollektiven Konstruktion, De Stijl 1924/Heft 6-7 (Repr. Amsterdam 1968)
7 Boris Arvatov, Kunst und Produktion (1926), München 1972, S. 27
8 J.J.P. Oud, Ja und Nein: Bekenntnisse eines Architekten (1926), zit. nach Tendenzen..., a.a.O., S. 2/93

9 Bekenntnisse der Professoren an den deutschen Universitäten und Hochschulen zu Adolf Hitler, zit. nach Harry Pross (Hg.), Die Zerstörung der deutschen Politik, Frankfurt 1959, S. 99
10 CIAM IV, zit. nach Tendenzen..., a.a.O., S. 2/143
11 Gustav Wolf, Die schöne deutsche Stadt, Norddeutschland, München 1913, S. 1
12 Rudolf Pfister, Bauten Schultze-Naumburgs, Weimar o.J., S. VII
13 Walter Gropius, Grundsätze der Bauhausproduktion (1926), zit. nach Conrads, a.a.O., S. 90
14 B. Christiansen, Das Gesicht unserer Zeit, Buchenbach 1930, S. 47
15 Leitsätze des Städtebaus, zit. nach Conrads, a.a.O., S. 85
16 Vers une Architecture, Leitsätze, zit. nach Conrads, a.a.O., S. 85
17 Was ich bauen möchte, zit. nach Ausst.-Katalog Theodor Fischer, Architekt und Städtebauer, Berlin/München 1988, S. 333
18 Paul Schmitthenner, Baugestaltung, Das Deutsche Wohnhaus (1932), Stuttgart 1950, S. 5
19 Naum Gabo und Antoine Pevsner, Realistisches Manifest (1920), zit. nach Tendenzen..., a.a.O., S. 1/99
20 Walter Gropius, Flugblatt zur Ausstellung für unbekannte Architekten, 1919, zit. nach Ausst.-Katalog Arbeitsrat für Kunst 1918-1921, Akademie der Künste, Berlin 1980, S. 90
21 Paul Schultze-Naumburg, Kunst und Rasse, München 1928, S. 108
22 H. Tessenow, Hausbau und dergleichen, Baden-Baden 1953, S. 19
23 A.a.O., S. 20
24 Bruno Taut, Nieder den Seriosismus!, Frühlicht 1920/Heft 1
25 Theo van Doesburg, Malerei und Plastik, Elementarismus, De Stijl 1926-27/Heft 78, zit. nach Tendenzen..., a.a.O., S. 1/183
26 Erich Mendelsohn, Dynamik und Funktion (1923), zit. nach Tendenzen..., a.a.O., S. 2/66
27 Drittes Manifest des Stijl, De Stijl 1921/Heft 8, zit. nach Tendenzen..., a.a.O., S. 1/103
28 R. Venturi, Komplexität und Widerspruch, Braunschweig 1978, S. 67f
29 Peter Handke, Die Geschichte des Bleistifts, Frankfurt 1985, S. 174

(1993)

Reisekoffer oder Affenstall.
Wohin die Häuser in den zwanziger Jahren verschwanden

Konfrontation

Brief eines Frankfurter Bürgers an seinen Oberbürgermeister (1927): „Es schreit ja zum Himmel, wie May das Stadtbild verschandelt durch diese menschenunwürdigen ‚Wohnkasten', die allem guten Geschmack und Ästhetik hohnsprechen. Sind Sie denn nicht über das Urteil der Bürgerschaft über diese Wohnbauten unterrichtet? Haben Sie schon einmal,

wenn Sie an den Stammtischen, in der Straßenbahn etc., wo ‚Bürger' sich über den ‚Skandal' unterhalten, hingehört und auch nur eine Stimme gefunden, die mit dem Geschmack in der ‚Kunst' des Stadtrat May einverstanden wäre?"[1]
Was der Bauer nicht kennt, das frißt er nicht. Ist damit salopp erklärt, warum neue Architektur in den zwanziger Jahren die heftigsten Reaktionen auslöste? Sprichwörter beschreiben einen Sachverhalt, erklären aber nichts; vor allem nicht einen so makabren Ausbruch wie diesen (der beileibe kein Einzelfall war): „Flöhe kann man wenigstens totspucken, Leute wie May sind allerdings selbst Verbrennungsanstalten zu zäh."[2]
Frankfurter Verhältnisse zur Zeit Ernst Mays (1926-1930) stellen sich im nachhinein besonders prägnant dar, nicht weil die Architekten rigoroser mit den Bürgern umsprangen als anderswo oder weil die Frankfurter bösartiger und klatschsüchtiger als andere Großstädter waren, sondern weil offenbar in Frankfurt (abseits der europäischen Zentren der modernen Bewegung) die plötzliche Konfrontation Bürger – Avantgarde stärkere Reibungshitze erzeugte. Was den Leuten, auch denen vom Fach, die Rezeption von Architektur so erschwerte, war der Zusammenprall gegensätzlicher Denkmuster (gewohntes Schwarzweiß-Denken auf der einen Seite, die Hoffnung auf allesverschmelzende Harmonie auf dere anderen) und die Verwechslung von entwurfsdienlicher Metapher und körperlicher Wirklichkeit, so daß sich in den industrietrüben Großstädten Tatsachen wie ‚Luft und Sonne' zu überrealen Inhalten verbissener Rituale (Sport und Hygiene) veränderten.

Das gespaltene Leben und die neue Harmonie

Die hautnah-dienstbare Hülle von Körper, Haus und Gerät und das enthüllende Tun, beides dient demselben Mythos des jungen Jahrhunderts. Nacktheit ist Reinheit ist Wahrheit. Verfeinertes ist suspekt, Verschliffenes hat Hintergedanken, Dekoriertes ist feminin oder gilt als Attribut des bodenlosen Emporkömmlings. So hat meist der einfache Mann, selbst der Kleinbürger (auch aus dem Trotz des So-bin-ich-so-bleibe-ich heraus), ein Gefühl für Aufgeblähtes, für hochstaplerische Manipulation. „Ein Schnitzel ist ein Schnitzel und damit basta." Lediglich wenn das Bedürfnis nach Höherem ihm in die Quere kommt, wird das Schnitzel mit einem Ananasscheibchen verziert, wobei Ananas den Drang nach Aufstieg ersetzt.

Ernst May u.a., Römerstadt in Frankfurt, 1928

Während also der Alltag als graues und schmuckloses Gewebe akzeptiert, mitunter stilisiert (Brechts Proletenmütze, unsere Jeans) und jegliche Rüsche als Verschleierung abgetan wird, werden in den Feierabend freilich Traumgespinste gehängt. „Zwar nicht fürstlich, aber doch nach Art der Müßiggänger muß man sich was leisten können in der freien Zeit." Diese schöne Zeit gegenüber der häßlichen Arbeitszeit wird von den konservativen Kulturkritikern der zwanziger Jahre als ‚naturbedingt' eingefordert, denn mit der schlichten Vorstellung vom Wechselbad der Empfindungen, das zur Energieaufladung führe (analog von Wechselstrom und Explosionsmotor) ließ sich der gesellschaftliche Status quo ausreichend einleuchtend rechtfertigen. Der werktägliche Trott wird als unumgänglich hingestellt, soll aber im sonntäglichen Prunk scheinbar vernichtet werden. Selbst von Gewerkschaftern wurde das gespaltene Leben akzeptiert: „da der Beruf heute keine Freude mehr gewährt, müssen den Leuten Inhalte von außen zugeführt werden."[3]
Wer so dachte, mußte sich gegen die Denkraster der sozialdemokratischen Baureformatoren wenden, die die getrennten Lebensbereiche wieder zu einheitlichem Wuchs zusammenbinden wollten, die im öffentlichen Alltag auch die Verhaltensmuster für private Zeit sahen (die vom Refa-Spezialisten ausgeklügelten Bewegungen hinter der Maschine entsprachen zum Beispiel denen in der taylorisierten Küche). Grauer Alltag und eine auf das Handlungsgerüst reduzierte Architektur ähnelten einander wie ein Werkzeug dem anderen. Ernst May hat das in der pathetischen Ausdrucksweise seiner Zeit den Frankfurtern nahezubringen versucht: „Menschen, die wissen, daß noch jede Kulturzeit in all ihren Gestaltungsprinzipien homogen war und die daher aus einer neuen Drucksache, dem knappen Haarschnitt unserer Frauen, dem ungewohnten packenden Klang der jungen musikalischen Schöpfungen, wie aus den Formen eines Automobils, Flugzeuges, einer Dynamomaschine oder eines funktionellen Industriebaues den letzten tieferen inneren Zusammenhang herauslesen, die erste Dämmerung einer neuen großen Harmonie allen Gestaltens unserer Zeit, die werden der neuen Ästhetik des Knappen, Klaren, Wesenbedingten Verständnis und Liebe entgegenbringen."[4]
Nun lassen sich gesellschaftspolitische Fronten nicht mit ‚Harmoniestreben vs. Kontrastdenken' beschreiben. Beides sitzt in allen Köpfen, denn die kleinen Leute, die ja mit dem Hier und Jetzt auskommen wollen und denen Bilder einer zukünftigen Welt einigermaßen fern sind, wollen, auch wenn sie politisch links stehen, die drei/vier Stunden täglich, die ihnen gehören, lieber im altväterlich erprobten Ambiente genießen als

in harmonisierter Kargheit. Um überhaupt Widerhall und Verständnis zu finden für die Eigenarten des Neuen Bauens, entstand bald nach dessen Beginnen das Dilemma, daß man dann doch wieder zur Idylle verklären mußte, was man gerade zur umfassenden Weltmetapher erhoben hatte: die industrialisierte Arbeitswelt. Reicht das Sanft-Beschauliche, um den sentimentalen Bericht der sozialdemokratischen *Volksstimme* zur Frankfurter Römerstadt zu erklären?
„Entzückende Blicke auf die Niddaniederung sollen von der höher gelegenen Straße vorgebaute Rondells vermitteln. Wenn zu beiden Seiten dieser neuen Anlage die Siedlungen vollendet und bewohnt sind, ihre Fenster abends im Lichterschein erstrahlen und auf dem anzulegenden Niddateich lichtgeschmückte Gondeln gleiten, wird man unter dem Eindruck stehen, sich an einem der schönen Schweizer Seen aufzuhalten."[5]
Ist das Traumseligkeit eines privilegierten Kleinbürgers, der den Feiertag malt, damit des Alltags Unzumutbarkeit vergessen sei? Ist es nur das, oder wird hier mit der Wechselwirkung von innerem und äußerem Schein balanciert? Kopfwelten werden nach außen projiziert und Zukunft wird als erreichbare geschildert.

Denkfigur und Korallenriff

Ist es nur das, oder – dritte Interpretation – wird hier versucht, mit trivialer Überhöhung einem befremdlich Neuartigen (dem Neuen Bauen) das Verständnis zu erkaufen? Denn die heute TV-bedrängte und damals UFA-gelenkte Phantasie nimmt Konzepte abstrakt-verbal erläutert nur blaß auf, es sei denn, sie werden Huckepack auf banal-süß-einprägsamen Metaphern in die Gehirne geschleust. An dieser Stelle beginnt das andere Verwechselspiel, das die Verständigung über Architektur in diesem Jahrhundert so schwer gemacht hat.
Als Entwerfer und Hausbewohner noch mit den gleichen Imaginationen hantierten, als sie noch einig in gemeinsamen Gedankenspielen die (Wohn-)Häuser mit ihren Tagträumen von Palast, Tempel und Villa überkrusteten, da bewährte sich trotz Verschiebung ins Mythisch-Repräsentative dennoch die Leitidee ‚Ein Haus ist ein Haus'. So tautologisch das klingen mag, der Begriff Haus war die entscheidende Metapher für den Entwerfer, das Prinzip seines ordnenden Handelns. Es fiel nicht weiter auf, daß sich hier zwei ziemlich fremde Welten fast ohne Berührungspunkte durchdrangen. ‚Haus' war für den Planer eine abstrakt-strukturelle Denkfigur,

ein Mikrochip, der eine komplizierte Aufgabe erst lösbar machte. ‚Haus' war für den Bewohner ein mit allerlei Konnotationen gespickter, sinnlich-erlebbarer Panzer für ein ansonsten verletzbares Ich oder Wir. Doch als im späten 19. Jahrhundert die Schutzhülle Haus zum überkrusteten Korallenriff geworden war und damit zum Sinnbild einer sich verhärtenden, unflexiblen Gesellschaft, brach die heimliche Symbiose aus Denkfigur und ‚Lebensmittel' auseinander, und die Metapher ‚Haus' schien endgültig verloren in den Falten des Repräsentativen und der Prahlerei.

Die frivolen Metaphern der Architekten

Die hinterlassene Lücke wurde wie selbstverständlich von den Gedankenspielern besetzt, die ja mindestens seit der Französischen Revolution die Baugrundstücke in respektvoller Entfernung umkreist hatten. Plötzlich entstand eine Fülle von Spielregeln und Spielfiguren, die den Denkprozeß ‚Planen' steuerten, entstanden Spiele, die von Mal zu Mal kühner wurden: Ein Haus ist ein Kristall ist ein Gerät ist ein Schiff ist eine Maschine ist ein Baum ist eine Ente. Warum nicht auch: ein Haus ist eine Zwiebel ist ein Fahrrad usw.? Möglich schien bzw. scheint alles. Den allgemeinen Unmut über die scheinbare Unseriosität nicht nur der Architekten hat Sedlmayr dann als Trauer über den *Verlust der Mitte* (1948) beschrieben. Er hat genauso wenig gesehen wie leider auch die Architekten selbst, daß es mit all den frivolen Metaphern nicht um die Bedeutungsaufladung von Architektur ging, sondern daß es sich im Grunde nur um Gebrauchsanweisungen handeln sollte, um ein Entwurfskonzept zu entfalten oder zu lesen. An Hand einer vertrauten Erfahrung wird versucht, eine unvertraute Gegebenheit zu durchleuchten, wuchernde Gedanken zu beschneiden und Einfälle aus anderen Bereichen zu identifizieren und auszuschließen.

Entstehung einer Architektur des Als ob

Doch kaum gedacht, entwickeln die Metaphern ein Eigenleben und drängen in die Bereiche des Materiellen. Die Fiktion vom Kristall, an sich eine Metapher des Expressionismus, hat sich aufgrund ihrer Sinnhaltigkeit (Reinheit, Kostbarkeit, Geometrie) bis in unsere Zeit gehalten und prägte

natürlich in den zwanziger Jahren, als der Expressionismus gerade ein Jahrzehnt zurücklag, noch intensiv die Vorstellungen.
„Die kristallklare Sachlichkeit wird nach Moskau verlegt", höhnten die *Frankfurter Nachrichten*, als May 1930 Frankfurt verließ und in die Sowjetunion ging.⁶ Und Peter Meyer, damaliger Chefredakteur der Zeitschrift *Werk*, bringt in einem Aufsatz für die *Frankfurter Zeitung* das Kunststück fertig, dynamische Technik mit anorganischer Natur zu einem Sinnbild für Neues Bauen zu verschmelzen: „diese bleischweren Walmdächer sind schon ganz unerträglich und Kennzeichen unrettbarer Provinzarchitekten geworden. Dachlose Hauskuben fügen sich naturgemäß besonders leicht zu Gruppen, zu kristall-stockartigen Aggregaten zusammen..."⁷ Sicher ist der Gedanke „das sieht aus wie..." faßlicher als der Gedanke „das funktioniert oder hält zusammen nach dem Schema von", spiegelt aber auch vergängliche Oberflächenreize, die die Analogien schnell ins Beliebig-Kuriose eines Maskenballs abdriften lassen. Was wurde in diesem Jahrhundert auf die Art alles mit der Metapher ‚Kiste' angerichtet, obwohl sie, oder allgemeiner das ‚Gerät', doch zuallererst die Kehre zur Bescheidenheit visualisierte, zur zurückgenommenen Architektur, der der bedeutungsschwangere Ausdruck ausgetrieben worden war. Ernst May, in der Pose des Höhersituierten, leistet sich das aperçuhafte Kürzel: „Eine richtige gesunde Wohnung ist eine solche, wo die Hausfrau möglichst wenig abzustauben hat."⁸ Da blitzt die Lust am Affront. Indem May behauptet, Bauen sei so etwas wie Hygiene, verschweigt er, daß es ihm zwar um eine reduzierte Architektur der Brauchbarkeit geht, daß er allerdings deren Gestalt wohl formen und nicht Bewegungsabläufen allein überlassen will. Architektur verschwinden lassen, dieser provokative Einfall diente ihm als Entwurfsstimulus ebenso wie anderen Zeitgenossen, Gropius etwa, der während des Frankfurter CIAM-Kongresses *Die Wohnung für das Existenzminimum* sagte: „Die Wohnung muß sich von einer Behausung des alten Stils unterscheiden wie ein raffiniert eingerichteter Reisekoffer von einer Kiste."⁹
Wenn Metaphern sich derart zu anfaßbaren, ‚angreifbaren' Gestalten verfestigen, nimmt es nicht wunder, daß davon Betroffene sich bedrängt fühlten und zu ebenso abgekürzten Urteilen kamen: Zuchthauszellen, Affenställe, Aquarien, Kasernen, Tropenhäuser. In dem Streit, der sich entfachte, an dem berserkerhafte Männer wie Ernst May wahrlich nicht unschuldig waren¹⁰, gingen dann bedächtigere Stimmen unter wie die eines Guido Heigl, der die Anwendung des Begriffs ‚Maschine' zurechtzurücken suchte als analytische Antwort auf die Dekorationen des Hi-

storizismus: „Die Hausmaschine ist nicht ein weiterer Schritt tobsüchtig gewordener Techniker, sondern eine schöpferische Arbeit aller um das Bauwesen Bemühten und eine Absage falscher Romantik, der Verzicht auf einen Nimbus."[11]
Verständnislos stand man einander gegenüber, entweder in ungeduldiger Ablehnung oder in zustimmender Beflissenheit, grotesk wie hier: „Stadtrat May, frank und frei / so wie Du gibts keine zwei! / was Du erbaut, es ist zu süß / jedes Einzelne ein Paradies."[12] usw.
Aus einem Mißverständnis heraus war eine Architektur des Als ob entstanden. Die Metapher ‚Maschine', die, indem sie tat *als ob*, eine ungeordnete Realität konzeptuell sortierte und damit unerläßlich wurde, neue Erkenntnisse über den Ablauf eines Sachverhalts zu gewinnen, hatte plötzlich weit mehr getan und den Tatbestand ‚Wohnung' verdrängt und wurde damit allerdings Ziel für neue unerwünschte Metaphern (‚Operationssaal'). Masken gab es in Hülle und Fülle, aggressive und liebliche, doch die Stadtbewohner kaprizierten sich auf die bösartigen, denn eigentlich wollten sie nie daran rütteln lassen: Ein Haus ist ein Haus und damit basta.

Anmerkungen

1 Brief an L. Landmann vom 12.2.1927. Nachlaß E. May im Germanischen Nationalmuseum Nürnberg
2 Frankfurter Laterne vom 29.8.1929
3 S. Kracauer, Die Angestellten (1930), Frankfurt 1971, S. 110
4 E. May, Die Frankfurter Hausfabrik, in: Frankfurter Nachrichten vom 3.10.1926
5 Das Gesicht des neuen Frankfurt, in: Volksstimme vom 15.3.1927
6 Die nie wiederkehrende Chance, Frankfurter Nachrichten vom 20.7.1930
7 Peter Meyer, Zur Lage der Architektur, in: Frankfurter Zeitung vom 11.7.1927
8 E. May, Neue Wohnung und neuer Hausrat, in: Volksstimme vom 13.4.1929
9 Internationaler Kongreß für neues Bauen, in: Volksstimme vom 28.10.1929
10 May erzählte gern, wie er mit erhobenem Stuhl als Einzelner einer tobenden Handwerkerzuhörerschaft gegenübertrat.
11 Guido Heigl, Für das Standard-Haus, in: Frankfurter Zeitung vom 7.11.1926
12 E. May-Nachlaß, a.a.O., Frankfurter Mappe, Blatt 88

(1983)

Wright – ein deutscher Heros

Um 1910 war der Glanz des Jugendstils bereits wieder am Verglimmen. Die Moderne kündigte sich an, aber es war noch lange nicht geklärt, ob sie ein Pfad, ein Weg oder eine Straße sei. Wie Präriehunde es tun, trampelte man sich erst einmal einen Lagerplatz, indem man sich um die eigene Achse drehte und schaute, was es zu schauen gab.
Sicher schien nur, daß die Generation der Väter und die Architekten des Historismus rettungslos vergreist waren. Doch wie das mit den Vätern so ist: Man haßt sie und weint bittere Tränen, wenn sie sterben. So muß man die Kompromißbereitschaft eines Olbrich oder frühen Mies, Gropius und Behrens (zwischen Klassizismus und Moderne) auch als zurückgenommene Versuche der Abnabelung lesen. Zu dieser Zeit kam dann wie ein Trillerpfiff die Wasmuth-Publikation mit den Arbeiten Frank Lloyd Wrights. Die Meute sprang auf. Binnen Kürze wurde Wright ein deutscher Heros und bekannter als in den Vereinigten Staaten. Die Wasmuth-Ausgabe wurde geradezu als Lehrbuch benutzt. Ihr Einfluß ist in ganz Europa nachweisbar – bis in die Verästelungen der Baumkulissen mancher Architekturprojekte. Was war der Grund für diesen auch für Wright überraschenden Durchbruch?
Es lag einerseits an seiner demonstrativen Abkehr vom Klassizismus (in der Nachfolge seines Lehrers Sullivan), die erstaunlicherweise nicht zu Symbolverlust oder Formenarmut führte, sondern zu einer ornamentalen Geometrisierung, wie man es bereits von Mackintosh oder Wagner kannte. Es lag zugleich an der verblüffend selbstverständlichen Verarbeitung japanischer Vorbilder, wie man es ebenfalls schon seit der impressionistischen Zeit in Europa wahrnahm. Andererseits war man auch schon auf seine Versuche, offene Grundrisse zu formulieren und eine fingerhakelnde Verklammerung von Außenraum und Innenraum zu erreichen, vorbereitet, vor allem durch Muthesius' Veröffentlichung *Das englische Haus* (1904/ 1905). Wright bot also durchaus eine Melange von bereits Bekanntem, dies aber in blendender Verschmelzung. Was in England noch mitunter so bieder und abhängig vom feudalen Lebensstil gewirkt hatte, sah bei Wright nun großzügig, souverän und zugleich populär aus und initiierte Träume von Ländlichkeit und Selbstgewißheit.
Die Luxusausgabe der Entwürfe von 1910, auf farbiges Papier gedruckt, wurde 1924 als ‚Volksausgabe' wieder aufgelegt. Beide Veröffentlichungen sind mittlerweile gesuchte und teure Raritäten. Um so erfreulicher, daß

der Wasmuth-Verlag 1986 den Band erneut herausbrachte. Auf gelbstichigem Papier einseitig gedruckt, so daß das oft so ärgerliche Durchscheinen der Linien vermieden wird, werden die hundert Lithographien der Originalausgabe noch einmal bestens reproduziert und lassen uns die Faszination nachvollziehen, mit der die Kollegen vor nahezu achtzig Jahren diesem Vorgeschmack der Moderne erlagen.

(1988)

II Tiefenschichten

Design als Maßstab

Manchmal klären sich in Nachbars Wohnung die eigenen Lebensumstände entschiedener als im Durcheinander daheim. Was demnächst die Architektur bestimmen könnte, daß sie weder in klassizistischer Starre vereisen noch hinter romantischer Dekoration ersticken und auch nicht in ‚zweckmäßiger‘ Monotonie sterben muß, scheint bereits im benachbarten Objekt-Design durch.
Gewitzte Pfadfinder wie Charles Jencks werden sich jetzt also in den einschlägigen Galerien umtun; und die neue Design-Anthologie *Design als Gegenstand*[1] trägt ihren Teil dazu bei, das Gesichtsfeld zu säubern.
In dieser Anthologie ist ein großer Teil derer versammelt, denen vielleicht die ‚schrille Type‘ ins Gesicht geschrieben steht, die aber auch voll anthropologischer Neugier und Sympathie die Lebensweise großstädtischer Nomaden dokumentieren und vor allem interpretieren, eine Lebensweise, die geprägt ist von Widerspenstigkeit, Künstlichkeit und Provisorien.
Das ‚wacklige Design‘ hat sich überfallartig von Italien her über Europa ausgebreitet: Alles wird labil, nur der Augenblick gilt, Tag und Nacht sind vertauscht, nichts muß haltbar sein, die Dinge sollen beweglich, leicht zerstörbar oder veränderbar aussehen. Unechte Materialien, behelfsmäßige Verbindungen, billig hergerichtete Oberflächen werden nicht nur in Kauf genommen, sondern sind erwünscht.
Ästhetische Provokationen sind wir im 20. Jahrhundert wahrlich gewohnt, doch meistens ging es um Veränderungen von Sehgewohnheiten, um Hinweise auf vernachlässigte Ansichten einer puzzleartig gefügten Welt, doch selten ging es um die Auseinandersetzung mit den Objekten selbst. Deshalb ist auch nicht das Irritierende, Geschmacklose, Ironische das Entscheidende am neuen Design; entscheidend ist die schockierende Ent-

deckung, daß die Dinge hinter den Flächen unzugänglich bleiben, daß das Wissen um sie fragwürdiger wurde. Schönheit ist nun nicht mehr Schein von Innen heraus, sondern wird dem Gegenstand als Folie übergestreift. Geheimnisvoll sind die Dinge, keine ‚göttlich-geistige Harmonie', kein ‚Wechselspiel Ding-Mensch' (wie ‚form follows function' es noch postulierte) läßt sich mehr konstruieren.
Der Argwohn gegen animistisches Weltverständnis, gegen unerschütterliches Vertrauen auf die Beseeltheit der Dinge verbirgt sich hinter Schnoddrigkeit, äußert sich mitunter in wahnhaftem Verhalten, in der Mehrzahl der Fälle im scheinbar unachtsamen Umgang mit ‚überkommenen Werten'. Die jungen Designer hantieren mit aufdringlichen Farben, spitzen Ecken, heftigen Brüchen in Material und Komposition, als wollten sie wachsende Verzagtheit über die Undurchschaubarkeit ihrer/unserer Lebensumstände weniger artikulieren als überschreien.
Wenn die Dinge abgründig und fern bleiben, schafft man sich Intimität mit Vorhängen, mit Paravents, die gnädig die Illusion des Vertrauten und Geborgenen herstellen. Problematisches wird unter den Teppich gekehrt, doch will es das Prinzip Wahrheit, daß der Vorgang des Verbergens als solcher sichtbar bleibt. Also tragen die neuen Designer Sorge, daß die Tentakel des Unergründlichen sich auf der Hülle abzeichnen.
Falls es stimmt, daß der philosophischen Konstruktion vom Dasein und Sosein eines Dings hier im Objekt-Design plötzlich widersprochen wird, dann ist zu erwarten, daß sein Einfluß auf die Nachbarbereiche – und somit auf die Architektur – flächenbrandartig übergreifen wird. Verstohlen zündeln die Partisanen Rem Koolhaas, Daniel Libeskind, Frank O. Gehry u.a. bereits an den Säulen der Architektur, auch eine Ahnenreihe läßt sich rekonstruieren: El Lissitzky, der frühe Hans Scharoun, Vladimir Tatlin, Gerrit Rietveld usw.
Zweifellos ist dieses Buch mit seiner Vielzahl von Abbildungen, auch mit der leicht chaotischen Präsentation seines Inhalts aufregende Dokumentation einer Bewegung, die zwar in Gefahr ist, als schicke Oberflächenbehandlung verkannt zu werden, aber im Gegensatz zu allen Stildiktaten der Post- und Spätmoderne den Ansatz einer aktuellen Zustandsbeschreibung unseres Lebensraums bieten kann.
Die schräg gestellte Stütze, die in den fünfziger Jahren noch als Versuch zu deuten war, mit einem harmlosen, frechen Schubs der verkrusteten Ordnung ein wenig legere Ungezwungenheit beizubringen, verstehen wir

nun plötzlich als Hinweis auf hinterhältige, zerstörerische Kräfte eines an sich unsicheren Seins.

Anmerkung

1 Baacke/Brandes/Erlhoff, Design als Gegenstand. Der neue Glanz der Dinge, Berlin 1983

(1984)

Magische Architektur.
Über die allmähliche Verfertigung der Gestalten als Bauten

Gegensätze

Auf dem Wege von Ferrara nach Rom, angesichts der römischen Wasserleitung in Spoleto, notiert sich Goethe: „Was nicht eine wahre innere Existenz hat, hat kein Leben, und kann nicht groß sein und nicht groß werden."[1] Zur gleichen Zeit (1787), noch überwältigt von seinem Italienaufenthalt, bemerkt Wilhelm Heinse: „Was sollen uns alle die überflüssigen, unbedeutenden Zieraten? Ein Gebäude ist ein Kleid, das Menschen und Tiere vor bösem Wetter schützt und muß darnach beurteilt werden."[2]
Damit sind die Gegensätze bereits markiert, die das Gespräch über Architektur nach 200 Jahren noch ebenso verwirren und den Streit am Glimmen halten: einerseits die beseelte Substanz, das Haus(lebe)wesen, das sich des Architekten als des ‚Geburtshelfers' bedient, andererseits die instrumentale Materie, Stoff des Baumeisters, der daraus Architektur als ‚schützenden Mantel' schneidert. Unbestritten ist, daß die Idee vom ‚Haus als Kleid' oder auch als ‚dritte Haut' lange Zeit als das pragmatischere Prinzip Gesetzesrang einnahm. Dennoch ist der Mythos, daß ein Haus mehr sei als nur praktische Hülle oder Apparatur, daß es Eingeweihten den ihnen und allen Dingen zugrunde liegenden ‚göttlichen Plan' enthülle, daß es gleichsam atme und spreche, zu keiner Zeit ungedacht geblieben

und hat sich unterirdisch, selbst in der vergangenen Epoche des Funktionalismus, myzelhaft behauptet. Sicherlich widerspricht die Mitteilung, Bauen sei kryptischer Ausdruck geheimen Wissens, dem Prinzip Aufklärung, wird aber folgerichtig gerade jetzt wieder bedeutsam, da Aufklärung mit fehlgeleiteter Wissenschaft assoziiert und also diskreditiert wird. Nun in der Zeit eines angeblich alle Künste beherrschenden Pluralismus, in der Kreativität sich weniger im Erfinden von Formelementen als in der raffinierten Kombinatorik vorhandener Formen äußert, scheint auch Architektur eher einem irrationalen Gesellschaftsspiel anstatt (wie zuvor) einem selbstgewissen Dogma verpflichtet. Anders als in den das Risiko suchenden Inszenierungen der freien Künste ist hier allerdings die kombinatorische Vielfalt beschränkt: Die unerläßliche Standfestigkeit und die Bedingungen des Fügens, Schichtens und Überbrückens engen den Spielraum ein. Es klingt bedeutend, daß Architektur „brennen muß"[3] oder „fliegen kann"[4], aber die Realität wirkt doch enttäuschend bieder; das Bild einer etwas umständlichen Handwerklichkeit bleibt gewahrt. Denn wenn das Scheiterhaufenhafte („Mikadoarchitektur" nennt es Gustav Peichl) und das Luftige betont wird, wenn Verknüpfungen gelockert, Konstruktionsglieder lediglich aneinander gelehnt und Raumkompartimente scheinbar unachtsam gestapelt werden, dann bleiben diese Maßnahmen reaktiv auf das konventionelle, feste und festungshafte Haus bezogen. Indem ich das Gegenteil des Gewohnten tue (wenn ich es nur konsequent genug tue), halte ich mich weiterhin an die Spielregeln, da sie durch Verneinung der Verneinung rekonstruierbar bleiben.

Affirmation und Negation sind also gleich strukturiert – und dennoch: Die Negation einer gewohnt soliden Architektur führt etwas Zusätzliches und Neues ein. Zwar sind die Bilder des Vorübergehenden, Vergänglichen und Veränderlichen schlicht als Gegensätze zu den Erscheinungsformen des Unerschütterlichen entwickelt, aber sie suggerieren eine zusätzliche Qualität, nämlich die des Lebendigwerdens von kristalliner Materie.

Befremdliches und Déjà-vu

So tritt der verblüffende Tatbestand zutage, daß Architektur heute auf den ersten Blick zwar einen destruktiven, einen befremdlicheren Eindruck als je – wie noch nie dagewesen – machen kann, auf den zweiten Blick jedoch vertrauter denn je erscheint, Empfindungen des Déjà-vu weckt und archaische, fast steinzeitliche Mythen evoziert. Architektur wird magisch aufgeladen; das Material und sein Gefüge verlieren ihre Instrumentalität, gewinnen statt dessen eine neue Eigenständigkeit, eine roboterhafte, homunculushafte Organik. Unwesentlich ist dabei, daß Architekten Naturvorgänge nachahmen, Lehren aus dem strukturellen Aufbau des Natürlichen ziehen; entscheidender ist, daß sie die Rolle des Demiurgen zu spielen versuchen und davon träumen, unergründlich zauberhafte, geisthaltige Wesen zu erschaffen. Sei es nun das Rollenspiel von Auserwähltheit, Größenwahn oder Fabulierlust, in glückhaften Augenblicken entsteht so etwas, nahezu unabhängig von ihren Schöpfern, das ein wenig die Fülle hinter den kargen Oberflächen ahnen läßt. Architektur wird zur Parallelwelt, das Haus zum Sender der Herztöne aus dem Innersten der Schöpfung.

Architektur wird zur ausgeprägten Schnittstelle zwischen diesseitiger und verborgener Welt. Das Haus schließlich wird als golemartiges, ja, apokalyptisches Wesen phantasiert, das, da es selbst lebt, der Belebung durch Menschengewimmel nicht mehr bedarf. In Lebbeus Woods' Centricity-Visionen breiten sich stählerne Monstren aus, Zwingherren einer nicht mehr beherbergenden, sondern einer abstoßenden, einer die alte vernichtenden, neuen Welt. Architektur wird zur heroischen Maschinerie, die, vernunftbegabt, imstande ist, alle Herrschaft an sich zu reißen. Als gälte es, Science-fiction-Welten zu entwerfen, präsentieren sich auch in den Projekten anderer Architekten saurierhafte Stahlkolosse, gigantische Käfer, gepanzerte Fische und Krebse. Dahinter steckt jedoch mehr als ein oberflächlicher Trend zur Kolportage. Eher ist es ein Sich-wieder-Hinwenden zu animistischer Weltauffassung – der Versuch, die befremdliche Materie in ihrer kristallenen Unnahbarkeit, in ihrer weltraumkalten Trostlosigkeit zu beleben. Denn auch im monsterhaften Leben fühlen wir – trotz Bedrohung – noch Verwandtes.

So wird Architektur zum Fetisch, zum stellvertretenden Objekt, in das man alle Wünsche und Lüste hineingeheimnissen kann. So kehren Architekten zur Romantik zurück, wird Novalis zum Zeitgenossen: „Ein Gesicht, ein Stern, eine Gegend, ein alter Baum usw. kann Epoche in unserm Innern machen – dies ist der große Realismus des Fetischdienstes."[5] Als gäbe es nur eine begrenzte Gedankenmenge, tauchen in neuem Gewand stets wieder die alten Gedanken auf.

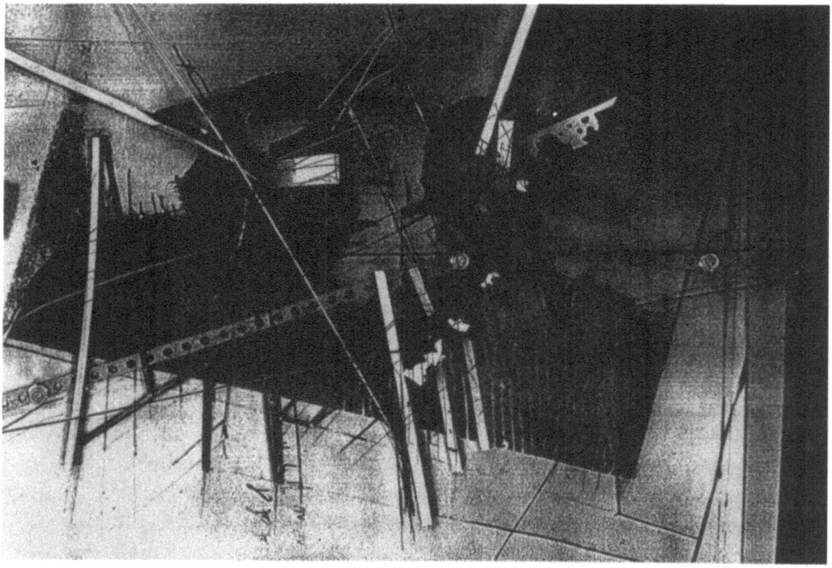

Coop Himmelblau, Die Auflösung unserer Körper in der Stadt, Berlin 1988

Leibhaftigkeit

Beschreibt man das Entstehen von Architektur als Geburtsvorgang und Architekten als Alchemisten, die Hebammendienste zu leisten haben, dann erwartet man kein fabrikatorisches Objekt, sondern ein in seiner Art unvergleichliches Subjekt. Vielfalt und Widerspruch als Eigenschaften des Lebendigen sind erwünscht. „Unsere Architektur ist nicht domestiziert. Sie bewegt sich im städtischen Raum wie ein schwarzer Panther im Dschungel"[6], verkünden Prix und Swiczinsky, bekannter unter ihrem Teamnamen Coop Himmelblau. Gerade sie, die unter dem arg simplifizierenden Schlagwort ‚Dekonstruktivismus' gehandelt werden, deren Hauptgeschäft angeblich das Gefecht mit der Technik ist, sind schon lange einer Art Besessenheit, fast einer Art Zwangsneurose erlegen, die sie zwingt, alle ihre Projekte anthropomorphen oder tierischen Gestalten anzunähern. In ein dem heutigen Stand der Technik entsprechendes Gerüst wird Leben hineinprojiziert. Sie suchen strukturelle Übereinstimmungen zwischen Lebewesen und technischer Konstruktion, zum Beispiel zwischen dem Spitzigen von Knochen und stählernen Masten oder dem Gespannten von Sehnen und Stahlseilen. Das wirkt dann so, als müßten sie, schlechten Gewissens ob ihrer schändlichen Teilhabe an einer babylonischen Zivilisation, dieser mit totemistischen und zaubrischen Helfern entgegenwirken.
Manchmal weitet sich die ‚Leibhaftigkeit' ihrer Architektur in ungeahnte Dimensionen. Ihr jüngstes Projekt beschreiben sie so: „Und während wir an den Projekten für New York und Berlin zu arbeiten anfingen, wurden Gesicht und Körper dieser Städte immer deutlicher: Wir fingen an, über einem Teamphoto von Coop Himmelblau diese Linien und Flächen der Stadt zu sehen und zu zeichnen. Unsere Augen wurden zu Türmen, unsere Stirnen zu Brücken, die Gesichter zu Landschaften und unsere Hemden zum Lageplan. [...] Jetzt werden wir unser Teamphoto so lange schrittweise vergrößern, bis nur mehr die Pupillen der Augen sichtbar sind. Sie sind der Grundriß eines hohen Gebäudes, und wir denken daran, es zu bauen."[7]

Architektur muß brennen

Häuser einer derart gestalteten Architektur sind nicht mehr (wie gewohnt) Orte des Rückzugs, der Erholung oder des Friedens, sie werden zu Orten der Indoktrination. Wer sie betritt, wird geschluckt, umgestülpt, bearbeitet, verletzt, unterworfen, klein gemacht, umgepolt, aber vielleicht auch sensibilisiert und sozialisiert, kurz: wird erzogen. Als hätten die Projekteure einer magischen Architektur den allgemeinen Überdruß stellvertretend zu überwinden und durch Materialisation zu bannen, werden sie nach und nach sowohl die neutralen Behälter anonymen Daseins als auch die dekorierten Schachteln des locker inszenierten Konsums verwandeln oder demaskieren. Deren geometrisches Gefüge wird zerfetzt und zerrissen. Hervor brechen – wie aus einer anderen Welt – überdimensionale Gestalten, Ausgeburten eines anscheinend unzugänglichen Bewußtseins. Falls diese Architektur sich etabliert, wird man wie Alice im Wunderland die zukünftigen Städte durchstreifen, neugierig, gefesselt und überwältigt und stets in Gefahr, in einen somnambulen Zustand des Alles-mit-sich-Geschehenlassens zu verfallen.

Eine Zivilisation, die auf glasklaren, eiskalten Analysen beruht, könnte sich allmählich in eine Welt überhitzter Emotionen verwandeln. „Architektur muß brennen", wird man dann sagen.

Anmerkungen

1 Johann Wolfgang Goethe, Italienische Reise. Erster Teil, München 1962 (dtv-Ausgabe), S. 107
2 Wilhelm Heinse, Ardinghello und die glückseligen Inseln, Berlin o.J., S. 24
3 Coop Himmelblau
4 Zaha Hadid
5 Novalis (d.i. Friedrich von Hardenberg), Auswahl von Walther Rehm, Frankfurt 1956, S. 198
6 Coop Himmelblau, Architektur ist jetzt, Stuttgart 1983, S. 14
7 Kristin Feireiss (Hg.), Berlin – Denkmal oder Denkmodell? Architektonische Entwürfe für den Aufbruch in das 21. Jahrhundert, Berlin 1988, S. 84

(1988)

Der Atem des Steins. Antwort auf eine Preisfrage[1]

Fluß ohne Ufer. Der Unmäßigkeit des Weltentwurfs ein überschaubares Feld entgegensetzen, ein Bild von bescheidener Fülle: Schwarzschollig, mit Strohstoppeln bestreut, ist das umgeackerte Land. Dunkel steht über dem Horizont der Himmel, vielleicht das Meer, gekippt, als stünde das Bild im Innern eines Blickenden, der gegen den Wind sich neigt. Anselm Kiefers Landschaften ähneln einander in ihrer grauen Schwermut. Hier aber ist inmitten des Gemäldes eine helle Fläche plaziert, ein Schiffsgrundriß, ein Grab, ‚Tuteins Grab'.

Mitunter sind Bücher der Rohstoff für Kiefers Arbeiten. Das darin Vernommene materialisiert sich als widerständiges Sperrgut. Kiefer verwandelt das geheime Zentrum von Hans Henny Jahnns Roman *Fluß ohne Ufer* – den Sarkophag Tuteins – in greifbare Substanz. Ein lebenslanges Gedankenspiel Jahnns, sein Traum, das Fleisch sei unverweslich, wird im Materialbild (echtes Erdreich und Stroh, wirkliche Schrunden) aus der Vorstellung ins anstößig Irdische übertragen. Übernatürlich beseelt allerdings scheint der glimmende Fleck. Während der Körper unsichtbar vergraben liegt, zeigt sich der Geist als fluoreszierendes Medium. Denn Spuk und Geist sind gleichermaßen Erscheinungsweisen des Fleisches, für Jahnn wahrzunehmen auch noch nach dem Tode. Weil aber Kiefer das Fleisch im Schlamm begraben zeigt, wird es faulen und zur Ackerkrume werden. Die Magie der Grabstätte ist absehbar: Sie dauert gerade so lange, wie die flüchtige, bröckelnde Substanz innerhalb des Bildrahmens hält?

Nehmen wir das als Protest gegen das unmäßig Nordische im Wesen Jahnns, seine Angstlust zum Dunklen und Abseitigen, seine Furcht vor dem Verlöschen, seine Rede, nicht den Tod, sondern den Zerfall des Körpers gelte es aufzuhalten. So zählen wir die Morde und Unfälle in *Fluß ohne Ufer* und sind bereit, das sich häufende Unglück zum Beweis für die Jahnnsche Besessenheit zu nehmen, das zarte Fleisch zu schützen. Denn solange die Verwesung aufzuhalten sei, bedeute der Tod noch nicht Vernichtung. Makellosigkeit nicht fordernd, Sterblichkeit des Körpers ertragend, aber auf der Unsterblichkeit des Geistes beharrend, imaginiert Jahnn bleierne Särge und steinerne Grüfte, um den „dünnen und brüchigen Charakter, eingewebt einem mangelhaften, rohen und übelriechenden Fleisch", zu bewahren. Für Jahnn ist die Seele eine Funktion des Fleisches.

Jeder verlorene Blutstropfen ist zugleich ein Verlust von seelischer Substanz.
Nur solange wir das Muskelgewebe vor Verwesung schützen, den Körper härten, die Seele in ihrer Leibeshöhle halten, notfalls gefangen setzen, solange überdauert menschliches Leben. Über den Leib wird die zweite Haut der Kleidung und die dritte Haut der Architektur gestülpt, um die Kreatur vor kosmischer Kälte zu bewahren. Je massiver die Steinhaut wird, desto trostbringender ist sie. Deshalb drängt die Angst vor dem Verschwinden des geliebten Körpers den Freund Horn dazu, in den Felsboden ein unzugängliches Gelaß für den toten Tutein zu sprengen, den er zuvor in einen Teakholzsarg verschlossen, davor in einen Kupfersarg eingelötet, nachdem er ihn in balsamisch getränkte Tücher gewickelt und in seine Muskeln Formol gespritzt hatte. Jedoch vor dem Unwiderruflichen, den Freund in unbetretbarer Felsspalte zu verlieren, weicht Horn zurück. Die Zwiesprache mit dem Geist Tuteins im gleichen Raum, wie es nächtens geschieht, wäre ihm dann verwehrt. Als mit seinem Diener Ajax von Uchri Unordnung in das Dasein tritt, wird der ungeschlachte Sarg im Meer versenkt. Mag der Leichnam dort in seinen Hüllen wie ein Insekt im Harztropfen versteinern! Gibt es keine Steinhülle, so spricht man jedoch davon, am Meeresufer für Tutein einen „Seelenstein" zu errichten. Er wird den Leib ersetzen. Erst wenn er verwittert, „zerstäubt die ewige Seele mit ihm".
Horn hat den Tod Tuteins verschwiegen und verstrickt sich in peinigende Erklärungen der Abwesenheit des Freundes. Als Aufenthaltsort gibt er Angoulême an, ein verborgener Hinweis seiner Zuneigung und auf den Ort, wo er Tutein gern begraben wissen würde. Die Kuppelkirchen der romanischen Baumeister Aquitaniens in Angoulême und Périgueux waren für Jahnn die makellosesten Übertragungen beseelten Fleisches in beseelten Stein: Innenräume wie unterirdische Hallen, mathematisch gegliedert, blickaufwärts sanft gerundet, so daß die Steine trotz mächtiger Dimensionen nicht bedrängend, sondern mild und bergend erscheinen.
Jahnn sagt: „Die Frömmigkeit des Fleisches ist die gleiche wie die der Steine." Wie im urzeitlichen Ritual setzt Jahnn Stein und Fleisch gleich, erfindet die ‚Vitruvianische Figur' aufs neue. Die aquitanische Kuppelkirche ist die Abformung des menschlichen Körpers. „Die Leibungen ihrer Portale empfangen den Eintretenden mit einer wollüstig knirschenden Umarmung – halb vernichten sie ihn." Die Kuppeln sind Symbole für das schwellende Fleisch – Schenkel, Bauch, Brüste, Schädel. Ja selbst das Denken, selbst die Musik, „deren Tonwölbung von Dämmerung zu

Dämmerung" reicht, verwandelt sich in Baukunst. Da scheint es zwingend, daß die Orgel, zumal dieser Roman unterschwellig sowohl von Architektur als auch von Musik handelt, das architektonischste der Musikinstrumente, Haus im Haus, Kathedralenmodell, Jahnn lebenslang auch handwerklich beschäftigte.
Dieser Roman, der einen schwachen Menschen beschreibt, einen Mann, der vieles mit sich geschehen ließ, der sein musikalisches Genie als auf ihn einstürzendes Geschehnis und sich selbst als Durchgangsstation kosmischer Ereignisse begreift, ist hartnäckig von Motiven der Festigkeit, des Bestands und des unveränderlich Ewigen durchsetzt, etwas, das dem *Fluß ohne Ufer* widersteht und Grenzen zieht. Festigkeit ist Stein, zeitlos dauernder Stein. Aus Stein entsteht Architektur. Jahnns Hoffnung war, daß Architektur, wie er sie verstand, zum Medium für ein Leben nach dem Tode wird. Für die Erzähler dieses Buches, Jahnn und Horn, besteht kaum Zweifel, daß der Stein lebe. „Sein Atem ist die Gravitation." Das statisch Kühne oder Labile, gar Schwebende, womit die Baumeister der Gotik verblüfften, gilt hier als naturwidrig. „Es ist nicht gleichgültig, ob die Hülle unseres Leibes vor mächtigen Pfeilern und Mauern oder neben dürftig befestigten Kulissen steht. Unsere Seele nimmt jeden Bau als ein Stück Fels oder Gebirge." Sehr zuwider wird Jahnn das Bauen unseres Jahrhunderts gewesen sein, da man Räume dadurch abgrenzte, daß membranhafte Flächen rechtwinklig gegeneinander gestellt wurden. Für Jahnn ist die ingeniöse Umlenkung der Druckkräfte im Baumaterial nicht akzeptabel. Die Statik der Bauten hat eindeutig zu sein, Vektoren sind senkrecht gerichtet. Steinmassen lassen sich türmen, aber nicht über größere Dimensionen spannen. Raum entsteht als Zwischenraum oder Aushöhlung. „Dem ungeheuren Reich der steinernen Formen und Gedanken ist eines gemeinsam, daß sie erhöhlter Fels sind. In den Gängen, Säulensälen, Kuppelräumen wird der Stein begehbar, er öffnet sich und weicht vor dem dürftigen menschlichen Körper so weit zurück, wie es der Baumeister in seiner Phantasie bestimmt hat."
Manche Webfäden dieses Romans erscheinen in polarisierter Doppelung: Leben und Tod, Keuschheit und Sexualität, Ruhe und Getriebensein, Musik und Architektur verklammern die Gegensätze. Ruhe, verkörpert vom lastenden Stein, steht der Unruhe der labyrinthischen Wege, der Peristaltik im Innern der Architektur entgegen. Die Würde des Ortes, seine Heiligkeit, wird am eindringlichsten im Verharren gewahrt.
Totenkammer oder Krypta sind die Orte äußersten Versunkenseins (auch der Lebenden) und somit im Jahnnschen Weltenbau Höhepunkte der

Architektur. Die Annäherung an diesen Ort, sei sie auch vergeblich, scheint ein heimliches Leitmotiv des Romans zu sein: den bergenden Felsen inmitten des Flusses ohne Ufer zu finden.
Eher Flucht als Reise ist zu nennen, wie Gustav Anias Horn und sein Gefährte Tutein die Korridore des Weltenbaus durchmessen. Erst nachdem sie ihre Landschaft gefunden haben, ein steinernes Haue abseits aller Nachbarschaft gebaut ist, kehrt auch subjektive Ruhe ein. Die Bewegungen verlangsamen sich, und jetzt bricht aus Horn, als bewirke der äußerliche Stillstand eine innerliche Flut, sein musikalischer Schaffensdrang hervor. Karge Außenwelt bedingt reiche Innenwelt: Die Botschaft ist nicht sonderlich originell, aber Jahnn fügt hinzu, daß wir eine Überwirklichkeit erst erfahren, wenn wir, vom allzu Neuen nicht gereizt, uns an den vertrauten Dingen stoßen. Als sei die beharrliche Innenschau, ja überhaupt der inständige Blick auf die Verrichtungen des Alltags erforderlich, um Welt zu begreifen. Die Intensität des Schauens sei vonnöten, damit die Erscheinung der Dinge so deutlich werde, „als wären sie, mit magischen Mitteln vergrößert, bis an das Hirn vorgestoßen". Als Xavier Faltin, ein peripherer Freund Horns und Tuteins, stirbt, sich schon im Grenzstreifen zwischen Leben und Tod aufhält, erfährt er die „Direktheit" der Dinge. Dem Gedankenspiel einer Welt, eines Weltalls aus Granit, in dem die Planeten sich Bahnen gegraben haben und das Leben sich Hohlräume schafft, wird hier die konkrete Erfahrung der Mikrowelt entgegengestellt. An einem geteerten Holzpfosten erkennt Faltin „die Rinnen und Kugeln des abgetropften Teers, als handle es sich um ein Weltensystem". Jahnn erträumt sich einen Kosmos, dargestellt durch Architektur, wo wir den Steinmassen nicht nur gegenüberstehen, sondern uns im Innern des Steins befinden, an der Oberfläche nicht nur kratzen, sondern Materie ohne den Umweg über Hirn und Sinnesorgane erkennen. Die Gabe des „durchdringenden Erfassens" gewinnen wir angesichts des Todes und verlieren sie zugleich, da der Körper zerfällt. Nur Materie kann Materie erkennen. Daher rührt Jahnns Sehnsucht nach dem unverweslichen Fleisch.
Kraßheiten zu schildern, war Jahnns Methode, der Erkenntnis zu begegnen, daß hinter jeder entblößten Oberfläche zwiebelgleich die nächste verborgen ist. Zwischen aufklaffenden Widersprüchen enthüllt sich womöglich etwas, das der Wahrheit nahe kommt. Eine Lebensmaxime. Kam Jahnn nach Frankfurt, saß er mitunter bei ‚Maier Gustl', einer Bierhalle im Bahnhofsviertel, beobachtete des qualmige Gequirle, ertrug die Blasmusik. Andererseits sehen wir ihn am Zeichentisch, den Zentraldom für Ugrino (der Vision eines utopischen Staates) entwerfend, in seiner Vor-

stellung ein tageslichtloser Raum, von Mauermassen umstellt, von Bronzeampeln erhellt und von tiefster Stille erfüllt. So still, daß man das Rauschen des eigenen Blutes vernehmen könnte. Fleisch und Stein.

Anmerkungen

1   Botho Strauß stiftete 1989 die Preissumme des ihm verliehenen Büchner-Preises für einen Lektürewettbewerb „Hans Henny Jahnn, Fluß ohne Ufer". Dieser Beitrag kam nicht in die engere Wahl.
2   Steigt man im Frankfurter Städel die Haupttreppe hoch, findet man linkerhand das erwähnte Gemälde von Anselm Kiefer, datiert: 1982/1983.

(1990)

Stoffwechsel

Scheißen und Essen haben zweifellos mit Lebensnotwendigem oder mit Notdurft zu tun. Doch sind dies heute nurmehr nicht zu vermeidende Vorwände für die zeitgenössische Variante von Selbstgefälligkeit. Bekanntlich werden die Forderungen des Leibes nicht mehr einfach, das heißt, kreatürlich erfüllt, sondern haben sich zu komplizierten Verrichtungen verändert. Es sind nicht mehr spontane Lebensäußerungen, sondern kulturelle Akte. Das Auge übernimmt dabei die Organisation: Körperliche Bedürfnisse werden zu Randerscheinungen des Sehens. Hingucken oder Weggucken sind jene vorrangigen Tätigkeiten, denen das andere Tun unterworfen ist. Pein(lichkeit) oder Lust des Sehens.
Peinlichkeit und Lustigkeit sind laut Konvention eng mit beiden Handlungen verknüpft. Über nichts lacht es sich so herrlich wie über Fressen und Fäkalien. Noch immer erzeugt das Wort Scheiße – im rechten, anscheinend unangebrachten Moment ausgesprochen – wieherndes Gelächter. Also brauchen wir dieses Phänomen gar nicht als vergangenes (aus grobianischen Zeiten) abzutun. Indigniert erlauben wir uns jedoch die Distanz, einen Vers des 16. Jahrhunderts zu zitieren, da man noch genüßlichst reimte: „Der Saft an Hosen, Hemd und Strempf / ist nix wie

hausgemachter Sempf" (aus dem Rabelaisschen *Gargantua*). Minder bemerkenswert als bezeichnend sei hier, daß von den Funktionen der gegensätzlichen Körperöffnungen zugleich und wie verwechselbar die Rede ist.
Claude Lévi-Strauss entdeckt gar strukturelle Ähnlichkeiten: „Während der Verdauung hält der Organismus vorübergehend die Nahrung zurück, bevor er sie in verarbeiteter Form ausscheidet. Die Verdauung hat also eine vermittelbare Funktion, vergleichbar der Küche, die einen anderen natürlichen Vorgang aufschiebt, nämlich den, der vom rohen zum verwesten Zustand führt. In diesem Sinne kann man sagen, daß die Verdauung ein vorweggenommenes Modell der Kultur darstellt." (Das Rohe und das Gekochte, Frankfurt 1970)
Daß es sich aber um kulturelle Akte handele, die strukturell austauschbar seien, hat wohl am boshaftesten Luis Buñuel in seinem Film *Der diskrete Charme der Bourgeoisie* vorgeführt: Da läßt man sich im bürgerlichen Eßzimmer auf Kloschüsseln anstelle auf Stühlen nieder, nachdem man gewandt den Rock lupfte oder locker die Hose rutschen ließ, plaudert weltläufig, und nur dem Drang gehorchend zieht man sich genant und verstohlen auf ein stilles Örtchen zurück, wo man allein, hastig und freudlos Nahrung sich einverleibt.
Essen darf Lust machen – gemäß Konvention. Daß es mit dem Gegenteil ebenso sein kann, obwohl de Sade und Krafft-Ebbing dies öffentlich machten, aber bleibt Tabu. Darum versteckt man den Abtritt ins Abseits und streicht den Ort der Verköstigung heraus: Blumen, Lichter, Spiegel, Tücher, Bestecke, Geschirr, Personal; Ornamente ringsumher – golden, silbern, weiß, elfenbeinern, blumenwiesenhaft gesprenkelt. Als gelte es, den Weg ins Paradies zu zeigen, locken Musik, funkelnde Lampen, Wärme und milde Düfte. Man begibt sich in Gemeinschaft, und Spiegel verdoppeln sie. Borges zufolge haben Spiegel und Kopulation die (nach seinen Worten) „traurige Tatsache" gemein, daß sie Menschen vermehren. Man genießt es, in Gesellschaft zu tafeln. Dennoch ist die Nahrungsaufnahme mit der Scham verknüpft, gesehen und beobachtet zu werden. Darum gibt es die sich der Übereinstimmung vergewissernden Eß- und Trinkrituale: mitgegangen, mitgehangen! Gemeinsame Scham trägt sich leichter. Wem ist es nicht schon widerfahren: Man öffnet eine Bürotür und ‚ertappt' den hinter dem Schreibtisch Sitzenden frühstückend – verschämt ob seines Tuns zur Wand gekehrt. Aber auch beim Gruppenfraß werden die schirmenden Wände gesucht. Allein so böse Buben wie die

Guy Peellaert, Rolling-Stones – Mostly their games were naughty, nasty or disrespectful.

Rolling Stones, deren Geschäft das Tabuverletzen war, leisteten sich die öffentlich gemachte, sinnliche Freßorgie.

Gemeinsam essen, heißt teilen – und zwar alles. Mit wem zusammen man ißt, der ist nicht als Feind zu fürchten. Jedoch nur solange, als der gemeinsam genossene Stoff im Körper bleibt, so jedenfalls berichtet es Sigmund Freud in *Totem und Tabu*. Deshalb verbergen Gast und Gastgeber diskret ihr Bedürfnis oder stehlen sich unter Vorwänden aus dem Zelt: Ich muß mal nach den Pferden sehen!

Um die Scham zu überwinden, wird das gemeinschaftliche Mahl inszeniert, entweder zum Opfer, zur religiös anmutenden Handlung, zum Abendmahl – oder zur Schwarzen Messe. Es ist, als müßte Aufnahme und Ausscheidung gleichermaßen wie Anfang und Ende zwillingshaft genossen werden. Die Gegensätze ‚sauber' – ‚schmutzig' oder ‚appetitlich' – ‚unappetitlich' gehören zum lustvollen Mahl. Es ist letztlich eine Frage der Hygiene als ästhetischer Kategorie – jener Ersatzreligion des 20. Jahrhunderts.

Schauen wir in die imaginäre Kammer links:	Schauen wir in die imaginäre Kammer rechts:
Das weiße Tischtuch, die reine Kerzenflamme, das polierte Silber, die klare Brühe, der chlorophyllgrüne Salat, ein wenig goldenes Öl, das weiße, gedünstete Filet, die gebügelten Stoffe, die Schlingen der Schlipse, insgesamt: die Blässe des Tellerinhalts und die Blässe der Konversation	die wie mit Axt und Feuer geformte ‚altdeutsche' Ausstattung, das bunt gewürfelte Tischtuch, die trübe Brühe, die braune Soße, die fette Sahne, der triefende Braten, das pißgelb schäumende Bier, das borstige Fleisch aus offenen Hemden quellend, insgesamt: der deftige Tellerinhalt und die heftige Artikulation

Während hier die Salatblättchen schweben, dekorativ noch, wenn sie danebenfallen, der Sekt perlt, die Gläser klingen, diskret die Bestecke klappern und die zierlichen Bissen von rosa Zungen zerdrückt werden, rinnt dort die Suppe vom Löffel, trieft der Salat, säbeln die Messer, kleckert die Soße, schlappert's und schlürft's. Hier werden Triebe gedämpft, dort wird das Kreatürliche offenbart. Weder das eine noch das andere läßt sich höher werten. Für Lévi-Strauss sind Nahrungsaufnahme und Ausscheidung gleich strukturierte, noch nicht einmal irreversible Enden des gleichen, gewundenen Weges. Das Bild einer Metzgereiauslage läßt sich auch angewidert fehlinterpretieren. Oder ein Auffangbecken wird zur ‚Fontäne' umgedeutet, Duchamps oft publizierte Tat von 1917, subtil die Vertauschbarkeit von Anfang und Ende, von Sog und Auswurf illustrierend.

Wenn Lévi-Strauss recht hat, dann sollte uns doch zu denken geben, daß der Herdenfraß üblich ist – noch üblich, der Herdenschiß hingegen nicht – nicht mehr. Offensichtlich ist die Disziplinierung, nennen wir sie Zivilisation, vorangeschritten: Nicht nur Kopf und Bauch haben sich getrennt, sondern auch Bauch und Arsch. Fraß und Schiß bekommen nun den Anschein des Ätherischen. Blaß und künstlich werden ihre Begleiterscheinungen. Musik übertönt die Eßgeräusche, das Rauschen der Wasserspülung die der Entleerung. Japanische Firmen haben Kassettenrecorder mit Spülgeräuschen in Toiletten installiert, um der Wasserverschwendung Einhalt zu gebieten, die dadurch entsteht, daß man Leibesgeräusche durch doppeltes Spülen zu übertönen sucht.

Während noch um die Jahrhundertwende Abtritte – im Gegensatz zu den luxuriösen oder wenigstens pseudoluxuriösen Wohnungen – unsäglich aussahen, ähneln sich heute dank des Religionsersatzes ‚Hygiene' Aufenthaltsraum und Sanitärraum immer mehr. Es entwickelt sich allmählich eine Tendenz zum Glatten, Geschliffenen, Polierten, Makellosen und Nahtlosen. Abwischbar sollen die Oberflächen sein, luft- und geruchsdicht, stets wie neu, alle Gebrauchsspuren sollen ohne Aufschub zu beseitigen sein. Übersichtlich muß es sein. Es darf keine Ritzen geben, die womöglich nicht zu säubern wären. So erscheinen die Flächen glänzend, hart und fugenlos.

Erinnert uns das nicht an einen anderen Mythos, an die ‚weiße Architektur' der zwanziger Jahre, von der man meinen möchte, daß sie mit zusammengekniffenen Arschbacken entworfen sei? Licht, Luft, Sonne und vor allem Sauberkeit hieß und heißt das Motto. Es darf nichts Unbrauchbares geben in dieser so erfolgreich funktionalen Architektur. Wenn Schmutz nicht zu vermeiden ist, erhält er seinen Sinn: „Die Möglichkeit, mit Hilfe einer Kanalisation die wertvollsten Düngemittel, die der Siedler produziert, wegzuschaffen, muß verboten werden. Wir müssen soweit kommen wie die Japaner, die sich für die Einladung zu einem Essen dadurch revanchieren, daß sie den Abort des Gastgebers benützen." (Adolf Loos, Die moderne Siedlung, 1926)

Diese so erfolgreich funktionale Architektur ist nicht nur brauchbar, sondern zugleich der Ort der Läuterung. Das Wohnhaus des 20. Jahrhunderts ist (auch im übertragenen Sinne) nicht nur Reinigungsstätte, sondern

wird gar durchsichtig, jedem einsehbar, ein Bild moralischer Unanfechtbarkeit, mit missionarischer Biederkeit sein Innenleben offerierend. Die Haltung steckt an über nachbarliche Grenzen hinweg, breitet sich aus als Tendenz zum weltenrasternden fliegenden Gerüst – Megastrukturen, wie sie Friedrich Kiesler schon 1925 entwarf. Dem Menschlichen werden seine dunklen Seiten abgesprochen. Alles Irrationale wird bestritten, und wenn es Leidenschaften geben sollte, dann nur die zum Guten. Der Mensch aber verklärt sich in der Utopie zum Engel.
Der Engel jedoch produziert keine Ausscheidungen (in den Klöstern diskutierte man, ob Engel Hintern haben). Folgerichtig wird in Philip Johnsons vorbildhaftem Haus in New Canaan (Kanaan, der biblische Ort!) scheinbar nichts verborgen: ein Gehäuse der demonstrativen Arglosigkeit. Folgerichtig auch müßte der in den allseits offenen Wohnraum hineingestellte, geschlossene Zylinder verspiegelt sein und damit Entmaterialisierung vorgaukeln. Im Zylinder steckt die Sanitärzelle, dieser Sarkophag, Ort der Verwesung, der als massiv-geometrischer Körper so tut, als sei er nicht Abtritt, sondern wegführendes Gebilde (außen Leitwand und innen vielleicht Treppenhaus).
Die Disziplinierung, die zur Selbstdisziplinierung wird, nähert sich in der modernen Architektur dem Kerkerhaften. Offene Kerker, deren Schwellen man aus Angst vor dem Chaos draußen nicht zu überschreiten wagt. Hygiene wird zur Zwangsvorstellung. Erschrecken muß jeder, dem es gelingt, diese Auswirkungen der Zivilisation wie von außen zu betrachten. Paul Ricœur sagt: „Mit dem Gedanken der Besudelung betreten wir das Reich des Schreckens", schrecklich dem zwanghaft Sauberen. Wer andere besudelt, erniedrigt sie. Er hat die Macht. Wer sich reinwaschen kann, kehrt die Verhältnisse wieder um.
Darum ist Hygiene nicht nur Symbol des Zwangs, sondern auch der Befreiung. Man möchte frei sein, keinen körperlichen Kontakt mit anderen haben, keinen Kontakt mit Schleim, Blut, Spucke, Essenskrümeln. Selbst der von einem anderen angewärmte Stuhl ist manchem ekelhaft. Die Räume, das Mobiliar sollen so sein, als gehörten sie einem allein.
Die Tendenz zur Vereinzelung (zum Single-Dasein), die die Gesellschaft atomisiert und sich schon lange in der Architektur ankündigt, findet vielleicht ihr treffendstes Symbol in den Orten des privaten Rückzugs, äußerlich im Bad, wo man sich selbst zur ekelfreien Benutzbarkeit für andere herrichtet und innerlichst auf dem Abort, dem Ort der Selbstspiegelung, der Reflexion. Jun'ichirō Tanizaki schreibt in seinem *Lob des Schattens*: „Es dürfte kaum einen Ort geben, wo man dieses Wohlgefühl

deutlicher empfindet, als den japanischen Abort, der von ruhigen Wänden und feiner Holzmaserung umgeben ist, der den Blick auf die Farben des lauen Himmels und des grünen Laubwerks freigibt. [...] In der Tat, es gibt keinen geeigneteren Ort, um das Zirpen der Insekten, den Gesang der Vögel, eine Mondnacht, überhaupt die vergängliche Schönheit der Dinge zu jeder der vier Jahreszeiten auf sich wirken zu lassen, und vermutlich sind die alten Haiku-Dichter eben da auf zahllose Motive gestoßen."

Um diesen Ort nächtlich zu betreten, bediene man sich füglich einer Kerze. Denn auch die Kerzenflamme ist ein Symbol träumerischer Einsamkeit und vertieft die stumme Einkehr im stillen Örtchen. „Die Flamme der Kerze zwingt uns zur Imagination", sagt Gaston Bachelard am Anfang seines schönen Buchs *Die Flamme einer Kerze*.

Kerzen gehören aber auch auf den festlichen Eßtisch, nicht nur bei verliebter Zweisamkeit. So verschwistert sich das zivilisatorisch Getrennte: Fraß und Schiß.

(1992)

Die Entdeckung des Trugs. Immaterialität und Postmoderne

Solange der Schurke eine ehrliche Haut präsentiert, solange der scheinbar Schlafende nicht auf Zumutungen reagiert, der Lachende muntere Reden führt, nehmen wir die bare für die wahre Münze und fühlen uns arglos wohl in der eigenen Haut. Der Schock kommt mit der Entdeckung eines Zwiegesichts. Wenn allerdings der Lachende deprimierende Reden führt, der Schlafende blinzelt und uns die Ungewißheit durchzieht, dann genießen wir Zweifel und Irritation als Schauspiel. Schauspiel und zynische Rede haben Konjunktur.

Das Mehrdeutige, ja konträr zu Deutende wurde zu einem eigentümlichen Merkmal der postmodernen Kultur. Die neue Qualität bestand darin, Spannung als Amüsement zu nehmen, sich lieber dem zwielichtig Schrillen als dem gut beleuchteten Biederen zu widmen, den Bastard dem Hoch-

gezüchteten, den gut inszenierten Trug dem einfallslos Wahren vorzuziehen. Wurde im architektonischen Funktionalismus wie in einem letzten Gefecht des Puritanismus Ehrlichkeit als grundlegende Tugend behauptet, so wurde mit der Postmoderne schlagartig das Ungenügen und die Brüchigkeit der nur scheinbar soliden Dämme offenbar. Proteste gegen den Krieg in Vietnam und anderswo, Wirtschaftskrisen und anschwellendes Gemurmel von den Grenzen des Wachstums entlarvten das Beharren auf bürgerlicher Solidität als elitäre Bunkermentalität und initiierten im Nebeneffekt das Maskenhafte der postmodernen Architektur. Ein vergnüglicher Rummel am Rande des Vulkans hob an. Die Inszenierung schien gewichtiger als der Ort und vor allem als ihr Inhalt. Tatsächlich wurden die Inhalte blasser, die Utopien unglaubwürdiger und immer obsoleter. Anzüglich bezeichnete Wolfgang Pehnt denn auch seinen Überblick über die Architektur des 20. Jahrhunderts als *Das Ende der Zuversicht.*
Der postmodernen Kultur, liiert mit der Pop-Art, hingebungsvoll vermählt mit Trivialkunst und Konsumwelt, sind die Kollektivträume endlich als Lebensform und letztlich auch als Ausdrucksform vergangen. Der einst erhoffte neue Mensch ist als Sackgassenprojekt abgeschrieben. Fehlt aber das Ideal, dann wird die schöne Kulisse, die hedonistische Feier der Gegenwart zum alles bestimmenden Gestaltungsfaktor. Heute gehört uns noch die Welt. Morgen kann es nur schlimmer werden.
Ist die Zukunft vernagelt, die im prognostischen Sinne ja einem zutiefst Innerlichen entstammt, dann werden unweigerlich die Außenhäute wesentlich. Nicht das Bedeutende, sondern dessen Ausdruck wird zuerst bedacht. Zuerst bedacht, aber auch nicht weiter, denn Haut allein als Reflektor spiegelt Beliebiges. Selbst der außengeleitete Dandy ist mehr als nur ein Modepüppchen. Der melancholische Schimmer seiner Gesichtszüge verrät es. Haut wird zum vielschichtigen Sinnesorgan.
Darin liegt das Neuartige an der postmodernen Architektur: Konsequent wird die Aufladung der Oberflächen betrieben. In ihren besten Materialisierungen ist die Fassade nicht mehr Kulisse, sondern Träger von Informationen, durchzogen von Strömen, durchpulst von Energie, Produzent und Filter zugleich. Eben dies bewirkt den postmodernen Pluralismus und weniger die naiv-lieblichen Zitate aus der Baugeschichte. Dennoch machen diese eher schlichten Anleihen an die Vergangenheit (Sprenggiebel, Säule und Bogen) den Unterschied zwischen echt und falsch unerheblich, da es nicht um Fakten, sondern um Haltungen geht. Ist die Simulation kunstfertig genug entwickelt, dann läuft sie dank ihrer

leichteren Manipulierbarkeit der Wirklichkeit davon. Nicht nur das: Sie überlagert die Wirklichkeit dermaßen, daß wir unfähig zur Unterscheidung werden, ja, daß uns dies sogar sinnlos erscheint. Noch aber spielen wir das kriminalistische Spiel von Trug und Realität. Im Justizverfahren als Spektakel und nicht als Mittel der Wahrheitsfindung lag das Interesse der Postmoderne. Voller Ironie wurde Talmi als Talmi vorgeführt, die Tugendstrenge des Puritanismus (sein Vertrauen auf ein letztes Unangreifbares) als Komödie entlarvt und die Welt als Simulakrum definiert.

Wird das Spiel zur Existenz, die Existenz zum Spiel, dann läßt sich mit moralischen Kategorien nicht mehr argumentieren. Allerdings gilt um so mehr die Verpflichtung, ein Regelwerk zu beachten. Die hochtechnisierten Strukturen, die sich zeitgleich zur Postmoderne entwickelten, bestimmen mit Feinmechanik und empfindlichen Verkabelungen das Geschehen. Die geringste Abweichung kann zum Zusammenbruch führen. Der Techniker avanciert zum Spielleiter. So läßt sich eine immer komplizierter werdende Entwicklung rekapitulieren, die mit den grellbunten Medienwänden Archigrams (Instant City von Peter Cook und Ron Herron) beginnt, deutlicher wird mit Venturis Stichwort vom Haus als „dekoriertem Schuppen" und erstmals und von epochalem Einfluß im Centre Pompidou sich manifestiert. Hatte sich die Außenwand in der Moderne ideell zur zweidimensionalen Membrane verdünnt, so wurde sie nun zum Transportgelände unzähliger, sie durchdringender und darüber hinweg huschender Ereignisse, eine substanzhaltige Apparatur, anfangs durchaus einer aufrecht gestellten Modelleisenbahn vergleichbar.

Das Haus soll sprechen, weniger im Sinne einer architecture parlante (Jencks' berühmter Hotdog-Kiosk), sondern mehr als ein zu beliebigen Themen sich äußerndes, intelligent erscheinendes Wesen. Allerdings muten erste Versuche, Bauten als Zeichenträgern gerade diese beliebige Verfügbarkeit zu geben, heute als Irrwege an oder verraten, wie die Schriftwand von Isozakis Fukuoka Mutual Bank in Tokio, ein naiv überlegtes, gar widersprüchliches Konzept: vergängliche Werbung, in Beton gegossen. Dagegen deutet Venturis Projekt in New Brunswick für eine Football Hall of Fame (1966-1967) hellsichtiger in die Zukunft. Sein Entwurf eines Museums des amerikanischen Footballspiels ist ein Haus, dessen Hauptfassade sich rigoros loslöst und auf seinem Riesenschirm erlaubt, historische Spiele mittels eines Leuchtrasters nachzuspielen. Die Halle selbst mit den Fußballreliquien wird gegenüber den immateriellen Begegnungen auf der blinkenden Fläche belanglos. Wie auf andere Art ein

Oben: Robert Venturi u.a., Football Hall of Fame, New Brunswick 1967 (Projekt)
Unten: Jean Nouvel, Kulturzentrum St. Quentin-en-Ivelines 1987 (Projekt)

Leuchtturm, ist der überdimensionale Bildschirm Zeichenträger und Zeichen zugleich. Zwanzig Jahre später hat Jean Nouvel Venturis Ideen im Projekt für das Kulturzentrum St. Quentin-en-Ivelines wieder aufgegriffen, nun allerdings als raffinierte Wechselinstallation von Werbung, Fernsehen, Videobildern und Film. Die freigestellte Wand dient kaum noch dem Abschluß, stellt sich nicht schützend zwischen innen und außen, sondern öffnet sich in imaginäre Weiten. Seitdem ist die werbende Medienwand vor dem Gebäude keine Sensation mehr.
Seit der Postmoderne verändert sich die Architektur vom haptischen zum rein visuellen Ereignis. Während wir vorher gewohnt waren, Kommunikation im Raum zu betreiben, aus den Koordinaten der Stimmen, Geräusche und Lichter unseren Standpunkt zu definieren und leichthin zu verändern, sitzen wir nun fest, bewegungslos. Der Raum umfließt uns und offenbart sich sekündlich neu. Da wir seine Grenzen nicht mehr berühren, spielt seine Realität nur noch eine geringe Rolle. Während uns früher die Materie objektive und die Erschöpfung subjektive Schranken setzte, genießen wir jetzt vorläufig die bequeme Grenzenlosigkeit und nehmen in Kauf, daß unsere Standfläche allmählich leichter und substanzloser wird.
So hat uns die Postmoderne gelehrt, das Echte und das Vorgetäuschte, das Drama und seine Aufführung, den Gegenstand und sein Bild, das Ereignis und die Videoaufzeichnung nur noch spöttisch zu vergleichen, nur noch anstandshalber zu unterscheiden, keinesfalls aber im Handfesten die höhere Qualität zu sehen. Im Gegenteil: Das Virtuelle entsteht durch komplizierteste Technik, und darin scheint der bewundernswertere Aspekt zu liegen.

(1994)

III Körperbilder

Die nackte Wand. Reflexionsflächen, Projektionsebenen

Stumm schauen wir in das Flimmern des Bildschirms, in gebannter Erwartung, daß es zu Bildern sich verdichte. Kommt nichts, so schalten wir ab und heften den Blick an die weiße Wand.
Stumm stehen wir vor der leeren Fläche. Sie ist nahezu glatt und makellos, jungfräulich. Wir starren und sinnieren. Alle jene gegenwärtigen Probleme, die noch der Lösung harren, drängeln sich hinter der Stirn, werden angedacht, verworfen und wieder hervorgekramt. Meist strömen jedoch zu blasse Erinnerungsfetzen herein, kaum zu halten, kaum zu merken, flüchtig wie subatomar.
Langsam und unmerklich fixiert das Auge ein winziges Partikel, Störenfried des Gleichmaßes. Der Fleck drängt sich hervor, wird bewußt und dominiert endlich die Gedankenflut. Wir wissen nicht, wie und warum: Bohrend kreist unser Denken nur noch um einen Gegenstand. Tritt keine Störung ein, endet dies allmählich in meditativer Innenschau. Dessen Voraussetzung aber ist der Stillstand außen, auf daß es innen kreise. Geschwindigkeit ist Gift. Bedächtig hat sich der Ritt durch die Wildnis zu vollziehen – das gemächliche Fortschreiten und der bedenkende Halt sind geboten. Zum Beispiel: Eine von einem Falken geschlagene Gans hat auf einem Schneefeld drei Blutstropfen hinterlassen. Perceval, Ritter in König Artus' Tafelrunde, entdeckt die Stätte des Dramas und ist betroffen: rote Zeichen auf weißem Feld. Ins Sinnen geratend, das Gesehene mit dem Bilde seiner Geliebten verknüpfend, kann er sich vom Ort nicht lösen. Selbst hochrangige Boten, vom zufällig in der Nähe weilenden Artus ausgesandt, werden harsch und gewalttätig zurückgewiesen. Perceval läßt sich nicht (oder nur kurz) in seiner Versunkenheit stören. Erst nachdem die Sonne einen Tropfen nach dem anderen verbleichen läßt, ist er

wieder zur Kontaktnahme fähig.[1] „Keine Menschenkraft vermöchte Perceval den Tiefen zu entreißen, in die der Traum seine Seele getaucht hat. [...] einzig diese Natur, die kosmische Kraft vermag den Traum zu zerstören und führt Perceval aus der ‚surrealen' Welt in die des Scheins zurück."[2]

Drei Blutstropfen auf weißem Hintergrund: Bezeichnenderweise wird ein Bild halluziniert und kein Ereignis, bezeichnenderweise das Urdreieck, das überhaupt erste Bild, welches der Säugling identifizieren kann: zwei glühende Augen, ein blühender Mund, das Bild der geliebten Mutter – oder der mütterlichen Geliebten.

Das Weiß des Schnees ist kalt und makellos, die Farbe des Blutes wirkt heiß und voll heftiger Empfindung. Polarer läßt sich ein Kontrast kaum entwickeln, als Chretien de Troyes es tut. Ebendiese bedingungslose Konfrontation entdeckt auch Kasimir Malewitsch mit seinem Schwarzen Quadrat, von dem er sagt: „Das Quadrat = die Empfindung, das weiße Feld = das ‚Nichts' außerhalb dieser Empfindung."[3] Als sei er zu einem Remake des Chretienschen Films aufgefordert, erzählt Malewitsch die Geschichte des Kontrasts aufs neue. Seinen Studenten berichtet er 1920 (und die Übereinstimmung ist überaus verwunderlich), daß er, als er einmal im Februar nach mehreren finsteren Regentagen morgens ans Fenster getreten sei, verblüfft gewesen sei über den Kontrast zwischen dem frisch gefallenen, blendend weißen Schnee und dem schwarzen Ranzen auf dem Rücken eines Gymnasiasten. Halb ironisch spricht Malewitsch von seinem „Februarismus", meint aber all seine Malerei.

Es ist der erregende und unvermeidbare Beginn einer jeden Malerei: sich sinnend über die weiße Fläche beugen und warten, daß die Empfindungen sich manifestieren. Ein Erleben, das Kandinsky folgendermaßen beschreibt: „Deswegen wirkt auch das Weiß auf unsere Psyche als ein großes Schweigen, welches für uns absolut ist. [...] Es ist ein Schweigen, welches nicht tot ist, sondern voll Möglichkeiten. Das Weiß klingt wie Schweigen, welches plötzlich verstanden werden kann. Es ist ein Nichts, welches jugendlich ist oder, noch genauer, ein Nichts, welches vor dem Anfang, vor der Geburt ist."[4]

Das Weiß des Schnees ist makellos, hat den Sinn des substanzlosen Hintergrunds, von undefinierbarer Tiefe wie ein Lichtraum – die Zeichen sind nicht eingegraben, sie schweben.

Nur das vor Augen Schwebende kann als Halluzination inkorporiert werden, gerät sozusagen hinter die Augen. Anderseits bleibt das sichtbar auf einen sichtbar bleibenden Hintergrund Montierte ein Gegenüber. So

verliert die Projektionswand des Films ihre Substanz, der Film macht uns machtlos, überwältigt; die Gemäldeinwand hingegen bewahrt ihre Stofflichkeit. Sie ist körnig, das Gewebe preßt sich durch die Farbmaterie. Wir durchschauen den Schein, wir können Widerspruch einlegen.
Die leere Leinwand ist zwar unbefleckt, dies jedoch nur vorläufig. Sie ist derb und empfänglich. Kandinsky sagt dazu (*Über die leere Leinwand*): „Scheinbar: wirklich leer, schweigend, indifferent. Fast stumpfsinnig. Tatsächlich: voll Spannungen mit tausend leisen Stimmen, erwartungsvoll. Etwas erschrocken, da sie vergewaltigt werden kann. Aber fügsam. Sie tut gern, was man von ihr verlangt, bittet nur um Gnade. Sie kann alles tragen, aber nicht alles vertragen – sie verstärkt das Richtige, aber auch das Falsche. Und dem Falschen verzehrt sie unbarmherzig das Gesicht. Sie verstärkt die falsche Stimme zum grellenden Gebrüll – unmöglich zu ertragen. Wunderbar ist die leere Leinwand – schöner als manche Bilder."[5]
Das Weiß des Schnees ist makellos, jede Befleckung ist erschütternd. „Wenn der Blick sich starr auf etwas richtet, was man ernsthaft als Einzelnes bezeichnen könnte, auf einen Farbfleck beispielsweise, so kann er kaum länger als eine Sekunde darauf verharren, ohne daß das Subjekt ernstlich Gefahr läuft, in eine hypnotische Extase oder einen ähnlichen pathologischen Zustand zu verfallen", schreibt der Arzt Abraham Wolf.[6]
Anders ist es, wenn das Weiß der Fläche schmuddelig wird, verfleckt und voller Kratzspuren. Das Auge wandert über die strukturierte Oberfläche. Bilder deuten sich an, komplexe Gestalten treten hervor. Punkt für Punkt, Kratzer für Kratzer fügen sie sich zusammen. Erzählungen, Erinnerungen an Gesichter und Ereignisse drängen sich hervor. Die Fläche setzt den Strom frei, der unser Gehirn zum Projektor umfunktioniert. Sehr wohl ist dies eine uralte Wahrnehmung, auf die schon Leonardo verwies: „Betrachte eine Wand, die durch Nässe fleckig geworden ist, oder einen Stein von unregelmäßiger Farbe. Wenn du Hintergründe zu erfinden hast, wirst du bald imstande sein, in ihnen herrliche Landschaften mit einer Fülle von Bergen, Ruinen, Felsen und Wäldern, weiten Ebenen, Tälern und Höhen in größter Mannigfaltigkeit zu sehen; oder du wirst Schlachten sehen und seltsame Figuren in gewaltsamer Bewegung, Gesichtsausdrücke und Gewandungen und eine Unzahl anderer Dinge, die du dann auf eine vollständige und richtige Form bringen kannst."[7]
Leonardo verfaßt ein wahres Drehbuch der Ereignisse. Die nackte Wand ist ihm ein Bildschirm mit immanenten Gestalten – auf Mörteldicke

zusammengepreßt (fast so, wie uns der Fernsehschirm erscheint). Fläche, Spuren und Geschehen sind *ineinander*.
Die ebenmäßig weiße Wand aber wirkt substanzlos, präsentiert das Nichts, eine leere Ewigkeit. Sie wirkt ungreifbar, unerreichbar. Unweigerlich heften sich kosmische Anschauungen daran. In der Vorstellung erscheint uns die kosmische Hintergrundstrahlung, das Nachglühen der gleichförmigen Ursuppe, wie ein makellos weißer Schirm. Welche Erleichterung, daß sich nun endlich (dem Satelliten Cobe sei dank) darauf feinste Strukturen abzeichnen, Zeugnisse von Materiedichteschwankungen, sozusagen erste Keime der Schwerkraft. Messungen von extremster Empfindlichkeit im Mikrowellenbereich lassen einen strukturierten Hintergrund erkennen, mit dem verglichen unser jungfräuliches Percevalsches Schneefeld in geradezu kolportagehafter Bildflut ertrinkt. Der weiße und leere Hintergrund ist unerträglich. So ist nicht auszuschließen, daß die kosmische Hintergrundstrahlung (die Nachricht ist noch frisch) nicht real, sondern allein vom Wunsch der Astronomen strukturiert ist.
Das makellose Weiß wirkt also substanzlos, verkörpert das Nichts. Wie aber ist es mit der schwarzen Fläche? Ist die weiße Fläche anscheinend nicht vorhanden, so wirkt die schwarze wie ein Vorhang, hinter dem das Unbekannte, gar Böse lauert. Unter dem Mantel der Nacht schleicht das Verruchte auf leisen Sohlen herbei. Durchaus nervenkitzelnd, angstlüstern machend. Nicht von ungefähr hat Malewitsch sein Schwarzes Quadrat zur Ausgeburt der Empfindungskraft erklärt. Und nicht von ungefähr findet sich heutzutage dessen Verballhornung als schwarzes Rechteck landauf, landab an den Postkartenständern. „Berlin bei Nacht – Frankfurt bei Nacht – Maasholm bei Nacht" usw. Warum diese Mode? Tun wir uns mit unserer Provinzialität so schwer? Reich und schön sind wir ja, doch vielleicht auch langweilig, gar oberflächlich. Der Verdacht muß entkräftet werden: Schlapp und schlaff lägen wir im Dunkel, während anderwärts die Leidenschaften kochen. Also gestatten wir uns Zweideutigkeiten. Denn was im Dunkeln passiert, sieht man nicht – auch nicht, daß nichts passiert. Die schwarzen Postkarten (ob aus Kappeln an der Schlei oder Düsseldorf) versprechen zwinkernd ein Nachtleben, auch wenn es billig und von uneleganter Eindeutigkeit ist. Zwar gieren wir nach Kabarett, raffinierten Behaglichkeiten, Lichtergefunkel vor samtigem Dunkel, rotierenden Scheinwerfern, Neongeblinke, Diskolichtern, aber wir haben es nicht. So weist es die Postkarte aus. Die Nachricht jedoch heißt: Bei uns im Dunkeln gehts hoch her, denn im Dunkeln ist gut munkeln, schmusen, ist gut sinnlich sein – eine Milchstraße privater,

dennoch traumhafter Genüsse. Wir brauchen nicht den funkelnden Schein, solange ein gehaltvoller Kern im Schatten verborgen liegt.
Wenn die Wand weiß ist, existiert sie faktisch nicht. Sie ist ein unbeschriebenes Blatt, wenn auch nicht transparent. Sie tritt zurück, weicht zurück, sie ist die Hintergrundstrahlung, vor der sich die Konturen präzisieren. Ist die Wand schwarz, dann ist sie sehr wohl vorhanden. Sie saugt das Licht auf. Sie umarmt, sie verhüllt, versteckt die Dinge wie ein Vorhang. Die weiße Wand ist kalt, die schwarze heiß. Die weiße Wand ist leer, die schwarze vielversprechend. Die Leere der weißen Wand nervt uns je nach ihrer Ausdehnung. Die nackte Leinwand ist überschaubar auf ihren Keilrahmen gespannt. Wir können sie wenden, schauen an ihr vorbei, gehen vorüber. Sie ist nackt, und wir gähnen. Wenn wir nicht aufgelegt sind, scheint sie geradezu belanglos. Mag sie doch blinzeln, flimmern, rauschen, wir nehmen sie nicht wahr. Um wahrgenommen zu werden, bläht sie sich auf, sprengt den Rahmen. Mondrian half dem nach, indem er die eingefärbten, immer noch leeren Flächen durch schwarze Balken trennte, jedoch nur flächenteilend und nie am Rande. So fahren die schwarzen Linien von innen nach außen, suggerieren, es ginge weiter, über den Bildrand hinaus.
Das ist geistvoll, aber nicht sehr beunruhigend. Erst die tatsächlich große Fläche macht uns zu schaffen. Deren Ränder werden unscharf. „Die Farbe umspült uns", sagt Michel Butor angesichts der riesigen Leinwände Mark Rothkos. Sie umspült nicht nur: Da wir uns hineingetaucht fühlen, gewinnt sie Dreidimensionalität. Wer würde da noch gähnen? Die riesige, leere Leinwand konfrontiert uns mit Unübersichtlichkeit, wenn nicht gar mit Endlosigkeit. Die Reflexionsfläche läßt uns keine Ausflucht. Wir können nicht umhin (und sei die Fläche noch so monochrom, noch so monoton), Fixpunkte zu suchen, Oberflächenunregelmäßigkeiten, Oberflächenverschmutzungen, an die wir uns klammern und die Augen sich hineinbohren – und seien es imaginierte Flecken. Die Reinheit macht uns krank, ein wenig Schmutz dagegen verschafft ein sudeliges Wohlgefühl. Es lebt, es antwortet ... also leben wir! Vielleicht kapieren wir jetzt, warum die Physiker und Astronomen noch bis zum April 1992 so schockiert in die vollkommen gleichförmige Hintergrundstrahlung des Weltraums starrten.
Francis Bacon bewarf die Leinwand mit Staubflusen oder Farbe. Das Schmuddelige oder Zufällige setzt Kreativität erst frei. Reinheit oder Unreinheit sind da keine Kriterien. Blut ist ein reiner und magischer Stoff, aber das Farbunbestimmte einer beliebigen Verunreinigung kann

ebenso Visionen stimulieren. Auch das Formunbestimmte hat derart Kraft, ja, hat phantastischere Inhalte als das Formbestimmte.
So schätzen wir das Undeutliche, das Unscharfe, das Flimmernde. Und beobachten mit geschlossenen Augen den inneren, schwarzen Bildschirm: übersät von lichten, roten, pulsierenden Partikeln bei ruhigen Gemütszuständen; bei heftigeren Gefühlen räumliche Ereignisse wie das Zusammenstürzen oder Wegdriften bewegter Schwaden – von den Rändern zur Mitte hin und umgekehrt. Wenn wir eine (äußerst selten zu findende) tatsächlich leere Fläche fixieren, entsteht wie unter Zwang der gleiche Effekt. Wir können nicht anders, wir bringen den inneren und äußeren Bildschirm zur Deckung. Dies ist sehr den Goetheschen *Nachbildern* verwandt: Fixieren wir ein farbiges, prägnantes Gebilde vor weißem Grund, so schwebt anschließend vor dem ‚inneren' Auge eine komplementärfarbige gleiche Gestalt. Diesen Effekt müssen wir nicht nur bei konzentrierter Aufmerksamkeit vermuten, sie geschehen auch unterhalb der Wahrnehmungsschwelle. Die Wahrnehmung ist ständig von Überlagerungen, von Übertragungen verfärbt. Stets wechseln in kürzesten Abständen innere und äußere Sensationen. Ein Flimmern entsteht. Auch die Umkehrung gilt: Ein Flimmern auf dem Bildschirm erzeugt Hektik, Nervosität und erhöhte Wachsamkeit.
Was flimmert, kann nicht scharf konturiert sein. Unschärfe erzeugt Anspannung. Wir suchen die Konturen und schieben sie hin und her – um die vermuteten Gegenstände herum. Doch weil wir die Dinge nur als bewegte plastisch sehen können, bietet uns die Unschärfe des Bildes auf der Fläche die Chance des abschätzenden Blicks, der heftigen Augenbewegungen (wie sie übrigens auch während des Traums erzeugt werden). Eindringlich recherchieren wir die gültige Gestalt, wenn wir bei konzentrierter Wahrnehmung eine imaginäre Kontur überdenken, gleichsam eine geblähte oder verschlankte Form, gezogen oder gedrückt, erwägen und damit die Gestalt in all ihren Erscheinungen erkennen, diese letztlich plastischer wird.
Was flimmert, enthält den ‚Geist' der Vibration. Es bewegt sich – bewegt nehmen wir es wahr. Darin lag die Faszination der bewegten Bilder, des Films, als er dank seiner Unvollkommenheit noch schwirrte und surrte. Man bangte mit dem Filmvorführer um die störungsfreie Abspulung. Anscheinend wurde Arbeit geleistet während der Vorführung. Das Rucken des Films schien Authentizität anzudeuten. Der Film war wie der Schatten des Flimmerns des Blattwerks des Baums auf sonniger Wand. Grau oder Blau und nicht Grün – etwas anderes und zugleich oder gerade deshalb

wirklich. Wir wissen ja, angeblich sind wir gefesselt, und es sind die Schatten vorüberziehender Personen und vorbeigetragener Gegenstände, die wir für die Wirklichkeit halten und die wir faul und dankbar dafür nehmen.

Schon längst sind wir nicht mehr gefesselt, wir erstarren gleichsam von selbst vor den Eindrücken. Zu schnell und zu widerstandslos lassen wir uns beeindrucken. „Die Macht gehört demjenigen, der zu geben vermag und dem nicht zurückgegeben werden kann", sagt Baudrillard.[8]

Wenn Kommunikation als Austausch begriffen wird, als Wechsel von Rede und Antwort, dann gewähren die populären Medien bislang nur die Rede. Diejenigen, die antworten möchten, aber nicht dürfen, haben es längst verlernt. Das interaktive Live-Fernsehprogramm Piazza Virtuale, das Van Gogh TV während der *documenta 9* sendet, ist vorläufig an Trivialität, Beliebigkeit und allzu großer Öffentlichkeit („Hallo, ich bin die Sybille aus Wesel – woher kommst du?") gescheitert. Noch wird das leibhaftige Zwie- oder gar Selbstgespräch virtuell nicht ersetzbar. Die nackte Wand leistet mehr als der Bildschirm: Sie spiegelt Bewußtsein. In der Konfrontation mit ihr reden wir und sie antwortet. Auf sie projizieren wir eine innere Welt, die uns dadurch vielleicht bewußter wird. Die nackte Wand also ist die Projektionsfläche dieser inneren, Welt, die Filmleinwand hingegen ist die einer äußeren Welt, die wir wiederum verinnerlichen, eine Weile spazieren tragen und zu gegebener Stunde veräußerlichen. Wir äußern uns und andere nehmen auf. Ein Kreislauf ist in Gang gesetzt.

Wir reflektieren, indem die Filmleinwand reflektiert. Anderes zeigt die Mattscheibe. Der Bildschirm wird anscheinend aus seinem Inneren heraus bewegt, ähnlich der ominösen Kristallkugel der Wahrsagerin. Nicht flächig aufgetragen sind die Gestalten, sie treten materieimmanent aus dem Apparat hervor. Als scheinbare Kristallisation oder Materialisation ferner Ereignisse wirken sie so glaubwürdiger und authentischer als das Filmbild, das demgegenüber nur Projektion ist und keine Substanz hat.

Folglich müssen wir zwischen nackter und leerer Wand unterscheiden. Hinter der leeren Wand allein ist nichts und hinter der nackten eine ganze Welt.

Anmerkungen

1 Reto Bezzola, Liebe und Abenteuer im höfischen Roman, Reinbek 1962, S. 26ff [Chretien de Troyes, Conte du graal, Verse 4141-4540, ca. 1160]
2 A.a.O., S. 38
3 Harald Szeemann (Hg.), Der Hang zum Gesamtkunstwerk, Aarau 1983, S. 298
4 A.a.O. (Wassily Kandinsky, Über das Geistige in der Kunst), S. 275
5 A.a.O. (Wassily Kandinsky, Kunst und Künstler), S. 278
6 Paul Virilio, Der Film leitet ein neues Zeitalter der Menschheit ein, in: Karlheinz Barck u.a. (Hg.), Aisthesis, Leipzig 1990, S. 175f
7 Zit. n. Walter Koschatzky, Die Kunst der Zeichnung, München 1981, S. 193
8 Jean Baudrillard, Requiem für die Medien, in: ders., Kool Killer oder Der Aufstand der Zeichen, Berlin 1978, S. 91

(1992)

Architektur und Zufall

Arrangiere Volumen und höhle sie nutzbringend aus! So ungefähr könnte die pauschale Anweisung an den noch unerfahrenen Architekten heißen. Doch soll dies gelingen, muß vieles bedacht werden. Mühsam ist das Geschäft des Entwerfens. Da sind auf dem Papier die Flächen geordnet, die Funktionen erfüllt, die Geschosse gestapelt, der Rhythmus gewahrt, die Verhältnisse bestimmt. Dennoch bleibt ein Manko, die Stimmung tranig, die Hand bleiern, mut- und lustlos das Tun. Höchst zweifelhaft erscheint der Aufwand, die transparenten Blätter zu schichten, vor dem inneren Bildschirm zusammenzuraffen, den Kopfraum mit deren Projektion zu füllen.
Unerwartet dann der Schock, ein Fleck: Mitten in die Perfektion hinein zeichnet sich eine dunkle Kurve ab. Wie stört uns, wie irritiert uns, wie kränkt uns die unappetitliche, ausgefranste Spur, im Grundriß drei, vier Räume verletzend, Schwellen vorschlagend, wo keine hingehören. Und dennoch evoziert diese lästige, kreisrunde Verschmutzung von einer achtlos abgestellten Tasse ein Bild. Ein Schacht, ein Brunnen, ein Turm, eine Rotunde, eine Kuppel, eine Arena: Die Bilder jagen sich. Die Hand wird behend, und die Stimmung amüsiert. Wir haben es nicht gewollt, aber nun mutmaßen wir in den Entwurf hinein, was ihm fehlte. Er wird

sperrig, provokant, unangepaßt und, wie wir meinen, charaktervoll. Jetzt beginnt die Arbeit aufs neue, der Implantation muß ein Sinn gegeben werden.
Die unerwartete Wendung mögen wir Zufall nennen, aber jeder Handlungsstrang für sich betrachtet (das Zeichnen des Grundrisses, das Abstellen der Tasse) hat eine folgerichtige Entwicklung genommen. Selbst das Zusammentreffen hat seine Konsequenz. Dennoch überrascht uns das in sich schlüssige Ereignis. Wir haben die beiden Parallelhandlungen in ihren parallelen Abläufen nicht unter Kontrolle. Das Ergebnis des nicht gleichzeitigen Beherrschens mehrerer Tätigkeiten nennen wir vorläufig Zufall.
Das verblüffende Zusammentreffen zweier Ereignisse, zum Beispiel Max Ernsts Verschmelzungen von Mensch, Fels oder Maschine, befremdet und stimuliert uns im selben Maße. Wir werden hellwach und zugleich hellträumend, als seien wir unter die Surrealisten geraten. Hans Arp stellte „nach den Gesetzen des Zufalls geordnete" Bilder her, indem er aus Papier geschnittene Flächen, wie sie geworfen und gefallen waren, auf ihrer Unterlage befestigte. Auch Daniel Spoerris ‚Fallenbilder' experimentieren mit der „Topographie des Zufalls"; zumindest scheinen sie zufällig entstanden zu sein. Ein noch nicht abgeräumtes Frühstück wird auf der Tischplatte fixiert und als Komposition an die Wand gehängt. Wir stellen fest: Trotz des Wirrwarrs hat jede Einzelheit (z.B. die Position der Kippen im Aschenbecher) eine nachvollziehbare Geschichte. Was uns irritiert, ist eher die Kakophonie der Geschichten und die abrupte Unterbrechung des während der Benutzung ständig weitertreibenden Zeitflusses. Durch den Stillstand wird die Zukunft ungreifbar, es gibt keine Anzeichen, wie sie sich entwickeln könnte. Verschwunden ist das Durcheinander unkoordinierter Bewegungen und damit jeder prognostische Verdacht. Der verbogene und abgerissene Handlungsstrang, der keine deutbare Richtung mehr hat, erscheint uns zufällig.
Die Frage nach der Identität von Zufälligkeit und Planlosigkeit beschäftigt den Architekten. Schließlich ist das Wort Planlosigkeit der Oberbegriff für eine Folge durchaus überlegter Handlungen. Nur deren Vielzahl und ihr Nicht-miteinander-Verknüpftsein, läßt den Eindruck von Zufall entstehen. Notwendigerweise sind aus der sturen und konsequenten Progression der Einzelvorgänge Engstellen, Ausweglosigkeiten und letztlich ihre Karambolage entstanden. Ein Zusammenstoß findet nicht zufällig, sondern aus im nachhinein eindeutig erklärbaren Handlungsfolgen statt.

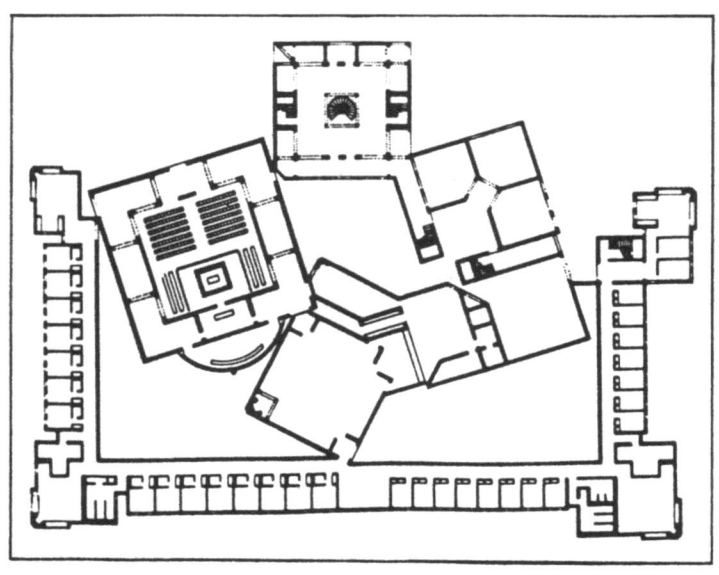
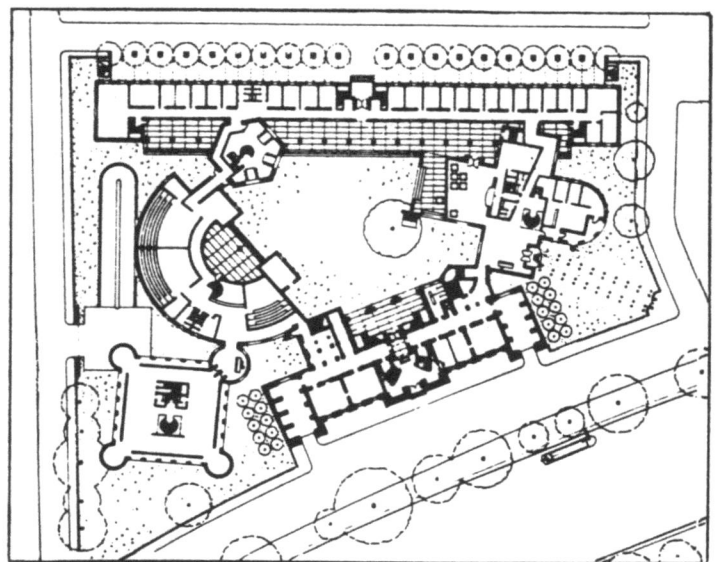

Oben: Louis I. Kahn, Projekt Dominikanerinnenkloster 1965-1968
Unten: James Stirling, Michael Wilford u.a., Wissenschaftszentrum, Berlin 1980-1988

Aus verschiedenen Richtungen und verschiedenen Zeiten fahren die Räume aufeinander zu, beenden ihre Fahrt vorzeitig, schießen übers Ziel hinaus, durchdringen einander, verklammern sich, verletzen oder verbiegen sich gegenseitig. Stoisch genießen wir dieses Prinzip in den Altstädten, denn, wenn nichts wie am Schnürchen läuft, kämpfen wir ums Durchkommen, zwingen uns zum Widerstand, stoßen uns notfalls, laufen jedoch nicht (wie woanders) mechanisch im vorgegebenen Raster, sondern fühlen uns gefordert oder beteiligt, spüren jedenfalls unser Lebendigsein. Jeder Plan gibt eine Option auf die Zukunft. Ihn akzeptierend, sind wir eingebunden. Jedoch allein der kurze Moment vor dem Plan weist in atemlose Weiten und tausenderlei Richtungen. Der Stadtteil, dessen Wildwuchs noch nicht einem alles regulierenden Konzept unterworfen wurde, weckt Assoziationen zuhauf, Erinnerungen die Fülle und jede Menge Ausblicke ins geheimnisvolle Abseits. So ist es begreiflich, daß Architekten in ihren Plänen gerne ein wenig Planlosigkeit bewahren, melancholische Reminiszenz an ein scheinbar verlorenes Paradies. Es ist, als wollten sie damit ein Stück unübersichtliche Kindheit mit ihren Geheimnissen und pittoresken Geisterhausphantasien retten. Die Zitatenseligkeit der postmodernen Architektur hat dort ihren unbewußten Ursprung. Aber auch das strukturell aus dem Rahmen Fallende, die Verschiebungen, Verkantungen und irrationalen Formbrechungen in zeitgenössischen Entwürfen lassen sich damit erklären.
Wenn James Stirling in seinem Berliner Wissenschaftszentrum historische Grundrißformen (Kastell, Kirche, Amphitheater, Oktogon) nicht säuberlich miteinander verknüpft, sondern gegeneinander rammt, als seien sie irgendwie vom Himmel gefallen, so nimmt er zwar ein Motiv des Lehrmeisters aller Postmodernen, Louis Kahn, auf, aber er schwelgt auch lustvoll im Spiel mit abenteuerlichen Montagen, als sei er ein handwerkelnder Robinson Crusoe. Das Kind im Künstler: Im Klischee steckt wohl Wahrheit.
Architekten sind geneigt, so zu tun, als brächten sie alles in Ordnung. Ein kaum zu bremsendes Harmoniebedürfnis plagt auch sie, Harmonie aber macht schläfrig, unaufmerksam und anfällig für Überrumpelungen. Lebensnotwendig deshalb wird der Hang zum Schock, den eine Minderheit mittlerweile als Stimulus in Entwurf und Ausführung nutzt. Er hat psychiatrische Funktion. Er öffnet die Oberflächen und zeigt auf Verborgenes. Wie der Psychoanalytiker den Traum, so benötigt mancher Entwerfer den Zufall. In jüngster Zeit arbeiten die Dekonstruktivisten nach dieser Methode. „Ein dekonstruktiver Architekt ist deshalb nicht

jemand, der Gebäude demontiert, sondern jemand, der den Gebäuden inhärente Probleme lokalisiert", sagt Mark Wigley in der Einleitung des Katalogs zur Ausstellung ‚Dekonstruktive Architektur', die 1988 im Museum of Modern Art in New York stattfand. Ein dekonstruktiver Bau scheint in seinen Fundamenten erschüttert, stürzt aber keineswegs zusammen, sondern wirkt in seinen Einzelheiten neu formiert und bei näherem Zusehen beruhigend stabilisiert. Hinzugekommen ist der Ausdruck von Provisorium und stillstehendem Zeitfluß. Blitzartig erstarrt scheint ein noch längst nicht abgeschlossener Vorgang.

(1994)

Es kommt das Häßliche.
Von der Notwendigkeit des Geschmacklosen

Ein Kind zeichnet mich. Sehe ich wirklich so häßlich aus? Das Kind hat es anders gemeint. Es hat sich vergewissern wollen, ein Bild malen, eine Stellungnahme abgeben. Es hat Linien produziert, Zeichen, die es an mich erinnern.
Meine Freunde sind geschmacklos eingerichtet. Sie fühlen sich wohl. Kann ich sie deshalb noch als Freunde betrachten? Meine Meinung dazu schert sie wenig. Mich übrigens auch nicht. Sie haben sich eine Zugehörigkeit geschaffen, einen sicheren Boden. Was sie umgibt, sind Wegweiser, Anzeichen für Gediegenheit, Festigkeit, Nützlichkeit, Hinweise auf Müßiggang und Wohlstand. Ob zu halten ist, was da versprochen wird, ist belanglos: Man hat sich eine Basis geschaffen, von der aus man relativ frei agieren, denken und schwätzen kann. Das ist das Schöne an meinen Freunden.
Le Corbusier ließ Schalungsspuren an Betonwänden stehen, brutal. Mies konfrontierte die Benutzer seiner Bauten mit kaltem Stahl, mies. Johnson beendet einen Wolkenkratzer, als sei er ein Gründerzeitmöbel, geschmacklos. Ron Arad zwingt den, der es sich gefallen läßt, in hosenzerreißende Sessel, sadistisch. Leichthin werden Geschmacksurteile gefällt. Aber: „Was vermag ein Urteil, auch ein solches des Geschmackes, überhaupt in bezug

auf ein Kunstwerk zu leisten? [...] Will das Kunstwerk beurteilt oder will es nacherschaffen sein? Fordert es vom Betrachter Geschmack oder nicht selbst eine Abart von künstlerischer Produktivität?"[1] Der irrt, der meint, hier Umberto Eco zitiert zu sehen. Das Zitat entstammt dem Beginn der Moderne (Leopold Ziegler, 1911). Wir müssen uns nicht allein auf die Semiotik, nicht auf das ‚Offene Kunstwerk' berufen, um die Kategorien ‚Schön' und ‚Häßlich' in Zweifel zu ziehen.
„Was zur Kunst gehört und den gestaltenden Funktionen nebst ihren Wertsetzungen entspricht, ist somit ein Diesseits des Schönen, ein Jenseits des Häßlichen. [...] Der konkrete Wert der Einzelkünste ist der allgemeinen Wertdualität Schön-Häßlich schlechthin entrückt."[2] Ästhetik, dieses altmodische Wort, konnte demnach schon zur Zeit des endenden Jugendstils weniger bedeuten, als wir heute denken. Unsere Kinder bevorzugen, alles und jedes geil oder ätzend zu finden. Sie distanzieren sich vom Ergriffensein, indem sie ihr Urteil bewußt auf schnoddrige Klischees reduzieren.
Geil und ätzend sind sehr private Geschmacksurteile, vermeiden fast ängstlich den Anschein des Mustergültigen. Schön und häßlich sind dagegen normierte Geschmacksurteile. Nichts sagen sie aus über den Wert eines Werks, einiges aber über Zeit und Gesellschaft, in der sie angewendet werden. Heutzutage sind Häßlichkeit als Aufputschmittel und Schönheit als Werbemittel in Mißkredit geraten, Oberflächenpolituren für B-Filmregisseure, Chirurgen und Agenturen.
An der modernen Architektur läßt die Korruption sich besonders deutlich ablesen: Werbung und Kapital bemächtigten sich der Schönheit. Da funkeln Kristalle in den Städten und sind doch nur glitzernde Masken, hinter denen um Profit gekämpft wird, süße Fratzen, die – Trojanischen Pferden gleich – die Absicht der Stadtzerstörung verbergen, der Vernichtung von Vielfalt und Geheimnis, der Vertreibung des Wohnlichen, dem Abwürgen der Gespräche und des Miteinanderseins.
Es scheint, daß die Frage, was denn das Häßliche sei, ob es tatsächlich nur der Gegenpol des Schönen oder gar dessen Verfalls- und Korrumpierungsform sei, müßig ist. Spannender ist, ob es ohne das Schöne existieren könne, ob es gar Eigenständigkeit beanspruchen dürfe. Nach landläufiger Meinung ist das Schöne vollkommen. Ihm darf nichts mehr hinzugefügt und nichts mehr weggenommen werden. Es ist endgültig und widerspricht daher dem Lebendigen, das sich ja bekanntlich verändert, wächst und altert.

In der Nachfolge Hegels („Kunst als sinnliches Scheinen der Idee") hat Karl Rosenkranz 1853 seine *Ästhetik des Häßlichen* publiziert. Nach eigenem Bemerken von der vorangegangenen Romantik stimuliert, ist sie die erste deutsche, ergiebige Theorie dieses Phänomens. Zwar wird hier das Häßliche vor allem als Negation des Schönen, aber auch schon als eigentümliche Erscheinung (z.B. in der Groteske) verstanden. Das Häßliche „muß, um begriffen zu werden, nicht bloß als ein Daseiendes, es muß als ein Werdendes begriffen werden"[3].
Ewig jung sein ist schön. Mit der Zeit sich verändern, also altern, ist folglich angsterregend, gar häßlich. So wird Haut gestrafft, Fett abgesaugt, Silikon gespritzt, gecremt, gehobelt, geschliffen, poliert, um alle Abnutzungsspuren zu beseitigen. Das Schöne ist vollkommen. Es beruht auf dem Konsens darüber, was die ideale und angemessene Form sei. Es beruht auf dem Konsens, daß Harmonie, maßvolle Proportionen und taktvolle Übergänge zwischen den Teilen erforderlich seien, um die schöne Perfektion zu erreichen. Doch die Perfektion schüchtert ein.
Die vollkommene Form wirkt unnahbar: keine Wunde, auf die man den Finger legen, keine Ritze, durch die man spähen kann, kein Fleck, der zur Sorglosigkeit verleitet. Die vollkommene Form ist unzugänglich. Ihr darf man nicht zu nahe kommen, darf sie nicht berühren. Berührung führt zur Beschmutzung. Beschmutzung aber gleicht der Verletzung und löst zwangsneurotische Zustände aus. Die allzu Schöne schüchtert ein, sogar sich selbst, macht sich daher unnahbar und ummantelt sich mit perfekten Schalen. Sie schätzt die Aura, das umgürtende Feld, das nicht betreten werden darf. Sie lockt und weist ab. Schönheit führt so zur Einsamkeit und Melancholie. „In Schönheit sterben", pointiert der Volksmund.
Wir wollen aber der Schönheit zu nahe treten. Wenn wir sie anrühren mit schwitzigen Fingern, wird sie häßlich. Das jedoch ist uns tausendmal lieber als ein fernes Himmelreich, besonders im Zeitalter der mißglückten Utopien. Können wir Benjamins Definition „Ein Gedanke muß plump sein, um im Handeln zu seinem Recht zu kommen" nicht auch auf die Gestalt übertragen? Können wir nicht geradezu verlangen, daß Architektur unflätig, klobig und ungehörig zu sein habe, ja schmerzlich berühren solle? Das bedeutet allerdings, daß Distanz aufgehoben wird. Haltung zu bewahren, die vorrangig statische Bedingung und zugleich aristokratische Eigenschaft, ist im Clinch mit den Dingen nicht mehr möglich. Anscheinend wird der Ringkampf zum Muster für eine Spielart der aktuellen Architektur: Sparsamst bekleidet, stürzen sich die Bauteile auf-

einander, stemmen, schieben und klammern. Ein Spektakel beeindruckt jedoch nur, wenn die schwitzenden, vor Anstrengung grimassierenden Kämpfer von sich wohlverhaltenden Zuschauern umstanden werden. Häßliche und schöne Bauten bedingen einander. Die häßlichen Bauten sind in ihrer Wirkung auf den sie umstehenden Ring der Hübschgewandeten angewiesen, allerdings weniger auf den unmittelbaren Kontrast als auf die überwältigende Fülle des Konträren.

Das Häßliche ist faltig, unsauber, vernarbt, demaskiert, zerschlissen, unordentlich, übertrieben, formlos, krank und pervers. Fliegen uns dazu die Assoziationen nur so zu, wird es mit den Konnotationen zur Schönheit um so schwieriger. Allzu leicht verfallen wir auch da ins Negative: Die ideale, harmonische, schöne Gestalt ist langweilig, konservativ und spießig. Schon befinden wir uns im Einklang mit den Soziobiologen, die im menschlichen Schönheitsideal ein Verhaltensrelikt aus vorgeschichtlichen Zeiten sehen, da das durchschnittliche, prototypische Aussehen den gesündesten und genetisch einwandfreiesten Partner versprach.[4] Wenn dem so wäre, ergäbe Normalität, auf die Spitze getrieben, von allen Störungen und Makeln befreit, letztlich Schönheit.

Dem Hang zur Schönheit zuwider läuft aber die Neugier, die Lust am Provozieren und Ausprobieren. Das Experiment steht notwendigerweise auf unsicherem Boden, ist widerrufbar und birgt die Gefahr des Scheiterns. Aber zugleich trägt es das Versprechen von Wandel, Ausflucht, Fortschritt, von Neuem, Ungeahntem und Augenöffnendem mit sich. Deshalb ist die Collage, die Unvereinbares auf überraschende Weise vereint, im 20. Jahrhundert zum einflußreichsten Verfahren aller Künste (auch der Architektur) geworden. Insofern ist der Widerstand gegen die in die Sackgasse führende Schönheit mit ihrer Normalität und ihren vorgefaßten Idealen nur allzu begreiflich.

Indem sie die harte Konfrontation der Fundstücke sucht, wirkt die Collage wie eine Batterie, zwischen deren Polen sich Spannung aufbaut. Das Material in seiner Unansehnlichkeit zeugt von Werkstatt und Arbeit, zeigt die Spuren des Gebrauchs, von innewohnenden und angreifenden Energieströmen, den ‚Funkenflug' zwischen unvereinbaren Substanzen. Kurt Schwitters veranschaulichte dies mit seinen Materialcollagen aus schäbigem Strandgut, am radikalsten aber Joseph Beuys, für den Fett und Filz direkt Kraft- und Wärmeströme verkörperten und der in seinen Installationen mehrfach das Prinzip Batterie verwendete.

Ein Energiestrom ist unsichtbar. Wenn wir ihn begreifen wollen, müssen wir ihn zum Leuchten bringen, seine Verborgenheit zunichte machen.

Hauptcredo der Moderne, auch der modernen Architektur, war stets, die Wahrheit ans Licht zu befördern, sie zu durchleuchten, ihre Objekte zu entblößen, zu sezieren, ihre Häute aufzuschneiden oder aufzublättern, zeigen, wie etwas gemacht ist oder was sich hinter den Oberflächen verbirgt. Mit dem Offenlegen und Demaskieren werden nun aber unweigerlich die mustergültige Form und ihre Endgültigkeit zerstört. Tadashi Kawamatas Hüttendorf auf der diesjährigen *documenta* illustriert jenen über die Ästhetik von Harmonie und Klassik hinausweisenden Aspekt von Kunst und Architektur. Das Dorf, aus Bretterresten zusammengenagelt, menschenleer und eigentlich nicht benutzbar, vermittelt eine Ahnung von Genügsamkeit, Kreativität, Naturmystik und zu gleicher Zeit eine sowohl rückwärts gewandte Idylle wie einen vorwärts gerichteten Vorschlag. Anders als in den technisch perfekten, wärmegedämmten Bauten, deren Künstlichkeit offensichtlich ist, ist hier eine zusammengeschusterte Welt entstanden, voller Lücken und Ritzen, die jedoch gerade aufgrund ihrer Unvollkommenheit sich mit der wahren Welt, der Natur vereint.

Die provozierende Kunst der jüngeren Architekten wendet sich gegen die abgeschottete Container-Architektur ihrer etablierten Kollegen und macht sich auf neue Art das schon immer geforderte Prinzip der Durchdringung von innen und außen zu eigen. Selbst der bereits zitierte Karl Rosenkranz hat sich in seiner *Ästhetik des Häßlichen* gegen eine blutleere, apollinische Kunst verwahrt und schon eine Variante des ‚form-follows-function'-Prinzips formuliert: „Ein Gebäude ist um so schöner, je mehr es nach außen die Festigkeit seiner Verhältnisse beruhigend ausspricht und je mehr es in seiner Gestalt schon symbolisch den Zweck verkündigt, dem es gewidmet ist."[5] Rosenkranz tut dies allerdings unter dem Gesichtspunkt der Schönheit und betont das verhüllende, symbolische Element. Doch klingt bereits das Prinzip Durchsichtigkeit an, indem er postuliert, daß sich das Innere auch außen zu präsentieren habe.

Der Kunst des 20. Jahrhunderts sind ästhetische Kriterien wenn nicht fremd, so doch belanglos geworden. Anderes hat sich in den Vordergrund geschoben: „Kunst ist [...] die Botschaft der Spannung, des gesellschaftlich nicht Erlösten. Kunst ist [...] das große Reservoir des geformten Protestes gegen das gesellschaftliche Unglück, der die Möglichkeit des gesellschaftlichen Glücks durchschimmern läßt", sagte Leo Löwenthal in einem 1979 geführten Interview.[6]

So fordert Architektur heute nicht Zustimmung, sondern berührt schmerzlich. Es ist besser, eine Welt zu zerstören, dem Bürger sein Liebstes verächtlich zu machen, als sich anzupassen. Man zeigt, wie man zwischen Sperrmüll leben kann, wie nichtig Konsum und Lebensstyling sind. Da es aber Bürgerkinder sind, die diese Forderungen stellen, und keiner aus seiner Haut kann, entpuppt sich der Schrott als scheinbarer Schrott, als unter Mühen erworbenes, exklusives Gut. Der Protest wird zur designten Haltung.

Dennoch: Architektur in ihrer ‚häßlichen' Spielart ist rücksichtslos geworden. Mag sie auch dandyhafte Züge haben, so offenbart sie trotzdem den Anstrich von Ehrlichkeit. Sie rempelt an, macht schmutzig, ist ungemütlich und dekonstruktiv. Vielleicht haben die Produzenten von Architektur jetzt endgültig ihre kreative Unschuld verloren, den Glauben nämlich, nützlich zu sein oder Zukunft zu entwerfen. Ihre schockierende Oberflächlichkeit verrät zwar Respekt vor dem Alltäglichen, zugleich aber auch eine selbstgefällige Wurstigkeit gegenüber den Nöten der anderen. Insofern sind sie denen näher, die sie verachten möchten, ihren Vätern und ehemaligen Chefs. Deren Architektur kokettiert entweder mit dramatischer Erhabenheit oder anbiedernder Volkstümlichkeit, gibt sich zynisch oder scheinmoralisch – auf der Suche nach Identität. Was aber tun die Jungen? Der Verdacht liegt nahe, daß auch ihre Suche nach Wahrheit nurmehr als Nabelschau endet, kommentiert allerdings von dem müden Seufzer: Ätzend.

Anmerkungen

1 Leopold Ziegler, Florentinische Introduktion zu einer Theorie der Architektur und der bildenden Künste, Braunschweig 1989, S. 124f
2 A.a.O., S. 132
3 Karl Rosenkranz, Ästhetik des Häßlichen, Darmstadt 1973, S. 168
4 Regina Carstensen, Fassadenkorrektur, in: Kursbuch 1991/106, S. 55
5 A.a.O., S. 48
6 Leo Löwenthal, Mitmachen wollte ich nie. Ein autobiographisches Gespräch mit Helmut Dubiel, Frankfurt am Main 1980, S. 175

(1992)

Das Extreme liegt uns

Wir verquicken unsere eigene Existenz mit der einer anderen Person und nennen dies ein Verhältnis. Wir schliddern in die Verhältnisse, unaufhaltsam: ob Beziehungskisten oder Objektkästen. Bezugnehmend vergleichen wir Meßbares: Höhe zu Breite, Raum zu Zeit, Gewicht zu Standfestigkeit, Substanz zu Dauer. Wir nehmen Objekte wahr und reiben uns an deren Erscheinung. Wir verhalten uns konträr, distanziert oder besitzergreifend. Das Extreme liegt uns. Der Hang zum Dualismus scheint eingefleischt zu sein: schwarz und weiß, häßlich und schön, Leib und Seele, Harmonie und Dissonanz.
Das Extreme liegt uns. Es muß knirschen, quietschen, schmerzen, wenn die Gegensätze aufeinanderprallen. Nur das Ungewöhnliche und Querliegende im gleichmäßigen Fluß, im Flimmern und Summen, läßt uns die Augen aufreißen und Muskeln anspannen. Dies kostet freilich Energie. Im Interesse unseres Nervenhaushalts sind wir daher im Alltag auf sparsame Reizbeantwortung aus. Die Aufnahme von Empfindungen liegt klugerweise unterhalb der Aufmerksamkeitsschwelle.
Wir müssen haushalten, sind zugleich aber unersättlich und gieren nach Spannung. Wenn aber Spannung, dann möchten wir Hochspannung, den blitzschnellen Übergang von einem zum anderen Ende des Kontrasts: schläfrig und orgiastisch, zuckrig und salzig, sanft und rauh. Der Kontrast macht uns wach, regt uns auf und ist Stimulus. Indem wir die beiden Enden einer Spannbreite im Auge behalten, meinen wir Überblick zu haben. Der Weg aber zwischen den Endpunkten wird mißachtet. Es ist die Angst, den Weg zu verlieren, sich zu verirren in der chaotischen Vielfalt. Darum wünschen wir die Endpunkte ohne Zwischenstrecke, als zählten nur Geburt und Tod, Aufbau und Zerstörung und nicht das Dazwischenliegende.
Wir lieben die Extreme. Und dennoch: Zwar ist das Dazwischenliegende langweilig, ein ruhiger Fluß, eine monotone Reihe, doch es gleicht unserem alltäglichen Körpergefühl, dem Herzschlag, dem Gleichmaß des Atmens. Da gibt es keine Sensationen, sondern ein gesundes Ablaufen, ein Wohlbefinden, letztlich das Gefühl der Übereinstimmung aller noch so kleinen Lebensäußerungen innerhalb des gegliederten Gesamten. So ungefähr ließe sich auch Harmonie definieren. Wir könnten zufrieden damit sein, dieses Gefühl auf andere Menschen und in unsere Umgebung zu übertragen. Aber es macht uns schläfrig, unaufmerksam und anfällig für überrum-

pelnde Angriffe. Ängstlich rufen wir uns zur Ordnung, stellen den Wecker, schlagen Probealarm.
Die bewußt herbeigeführte Dissonanz ist ein solches Alarmzeichen. Ihr Effekt ist schrill. Sie elektrisiert: Etwas fällt, bricht auseinander, karamboliert. Die menschliche Kampfmaschine muß gewartet, der Adrenalinausstoß überprüft werden. Plötzliche Hitzeaufwallungen müssen unter Kontrolle bleiben. Ist die Maschine getestet, soll der Puls wieder störungsfrei schlagen. Nur zu gerne kehren wir wieder zur Ruhestellung zurück. Im Grunde sind wir harmoniesüchtig. Wir bauen Schutzwälle, indem wir die Außenwelt ruhig stellen. Der Mensch: das Maß aller Dinge. Der Rhythmus unserer Lebensäußerungen wiederholt sich in den Artefakten, wiederholt sich in der Architektur.
Wir fügen uns ein und wir passen an. Volumen, die sich hart begegnen, werden miteinander verzahnt, verhakt und verschmolzen. Übergänge werden vertuscht und verschmiert, im Detail wie im Großen. Unzugehöriges oder sich Widersprechendes wird in Standardhüllen gepackt. Das Ganze wird einer höheren Ordnung unterworfen, dem mathematischen Raster oder der Symmetrie. Wenn es notwendig scheint, dann wird maskiert, furniert und tapeziert. Auch das Ornament hat solch bändigende Funktion.
„Die ornament-seuche ist staatlich anerkannt und wird mit staatsgeldern subventioniert", sagte Adolf Loos (1908) in dem Aufsatz, dessen Titel zum Sprichwort wurde. Dem Staat ist es genehm, wenn der einzelne den gleichen Prinzipien gehorcht wie die Allgemeinheit. Doch Harmonie ist nicht mit Unterordnung gleichzusetzen. Auch bei Leibniz' *prästabilierter Harmonie* – das Einzelteil funktioniert nach dem gleichen Plan wie das Ganze – gilt vorrangig die Qualität des Plans und nicht das Regelhafte. Der alles lenkende Plan vermittelt positive Sinngebung von innen heraus. Heften wir den Blick auf die Architektur! Auch hier bestimmen nicht das Regelmaß, die Abfolge des immer Gleichen oder die Unterordnung unter das sich Ähnliche den Wert des Ausdrucks. Das Prinzip *Selbstähnlichkeit* (zum Beispiel wiederholt der einzelne Dachziegel Funktion und Gestalt der gesamten geneigten Dachfläche) hat als populäres Phänomen der Mathematik der Fraktale eher mit rigider Konsequenz zu tun. Weder das Lego-Prinzip noch die formale Anpassung, wie sie örtliche Gestaltungssatzungen fordern, sind aus sich heraus harmonisch. Es sind einfache Reglementierungen, denn Harmonie ist mehr. Aber trotzdem versteckt sich dahinter eine Art verschwommener und verbissener Harmoniesucht, wie sie in manchen Familien anzutreffen ist. Konfrontationen werden

schon im Vorfeld entzerrt. Vorauseilender Gehorsam läßt Schärfe und reinigende Gewitter gar nicht erst aufkommen.
Folgerichtig scheint es nun, jedoch ebenso zu kurz gegriffen, die bewußt herbeigeführte Dissonanz lediglich als Ausbruch aus dem Anpassungsdruck anzusehen. Auch die Dissonanz ist mehr als die Summe der Teile, die da aufeinanderprallen.
Wohl sind *Chaos* oder *Unwetter* nur Metaphern, die zudem das Aufputschende des Disparaten unzulänglich beschreiben, doch mit Recht handeln sie von der Blitzartigkeit des Energiestroms, der Zersplitterung des Raums, ja fast dessen Vernichtung, von der sprunghaften Zeit, dem gefrorenen Moment des Sprungs. Etwas ist beieinander und gehört nicht zusammen: zwei gleiche Pole, die sich abstoßen.
Sich abstoßende Pole, die zusammengezwungen sind, zittern vor Energie. Daraus zieht der Dekonstruktivismus seine Macht. Pole, die sich anziehen, lähmen einander und können nur mit stärksten Kräften auseinander gezogen werden. Wer ist dazu schon wütend genug? So überlebte der Klassizismus alle Zeiten. Das Extreme liegt uns, zufrieden sind wir mit dem Lauen.

(1993)

Das Haus als Falle

Sei ohne Falsch: Die stolze Maxime unserer Urgroßeltern hat schon längst den Anschein eines Naturgesetzes angenommen, und indem sie so tut, als sei sie es, lügt sie. Es ist ein Fangschluß, Moral und Qualität als Materialfarben von Ehrlichkeit anzusehen, zumindest gibt es gute und schlechte Lügner, moralische und unmoralische.
Die Architektur des 20. Jahrhunderts (bis etwa 1970) läßt sich generell als versteinerte Form puritanischer Abwehr von Lüge und Schleier lesen. Kritik an Architektur in eben dieser Zeit läßt sich lesen als Beschwörung und Abwehr von Undurchsichtigem, Verfärbtem, Verkrustetem, und – pfui Teufel – Vorgetäuschtem.

So gehört es sich: „form follows function". Die Handhabung eines Geräts oder die Nutzung eines Bauwerks formt Volumen und Oberfläche. Man sieht, wie etwas gemacht ist, und man sieht, wie etwas benutzt werden kann. Das Innen zeichnet sich außen ab, das Wesen liegt wie ein Grinsen auf der Oberfläche. Als sei die Entblößung des Hintergrundes der Sinn von Architektur. Zu zeigen, wie etwas konstruiert ist (als hinge man mit Zange und Schraubenschlüssel den Bauten ständig in den Weichen), zu zeigen, wie etwas benutzt wird (als müsse man jedes Einnehmen einer Mahlzeit öffentlich rechtfertigen), das ist Gestaltung. So dachte man. Konsequenterweise führte das dazu, daß alles klar und durchsichtig wurde und nichts verborgen blieb. Folgerichtig tanzten die Heroen der modernen Architektur den Tanz der sieben Schleier: weg mit dem Ornament, weg mit den Dunkelzonen, weg mit den Festungsmauern, weg mit den Steildachhüten, weg mit den Verblendungen, weg mit den konstruktiven Gaukeleien, weg mit den unordentlichen, mehrdeutigen Grundrissen. Man müßte hinter die Oberfläche gucken können, alles durchleuchten können: die Hoffnung der funktionalistischen Architekten war eine Täuschung, eine Enttäuschung, und das Eingeständnis, daß hinter jeder entfernten Oberfläche zwiebelgleich die nächste steckt, kam relativ spät.
Insofern ist die Kulissenkunst der historischen Architektur (am Ende des 19. Jahrhunderts zum Beispiel) realitätstüchtiger, findet sich mit dem Vorhandenen, dem Menschlich-Unzulänglichen ab und arrangiert sich mit den Dunkelzonen in jedem Sinne. Die Schloßfassade am Marktplatz steht da als Schutz und Paravent zwischen außen und innen, und selbst der Fremde weiß, daß hier Palast nicht Palast meint, sondern Rathaus. Obrigkeit markiert den dicken Max. Grenzen sind abgesteckt, auch in Gegenrichtung: Der dicke Max ist zu fett, um in jedes intime Winkelchen einzudringen. Doch Grenze bedeutet hier nicht unbedingt Schwelle (lediglich Respekt) und bewirkt erst recht nicht Schwellenangst. Die Fassade stellt nur etwas anderes vor als das, was dahinter geschieht: Ein trockener Inhalt ist pompös (nach dem Geschmack der Leute) kaschiert, eine Lust fürs Auge. Verlockt vom schönen Schein, tritt man freudig ein und – schwupps – ist man gefangen und fällt in die Mühle der Bürokratie.
Es ist mehr als fraglich, ob die prätentiöse Schauseite eines Bauwerks wirklich abschreckende Machtgebärde ist, oder ob sie nicht insofern zum Passieren einlädt, als sie das Selbstwertgefühl des Passanten stärkt. Deshalb wird das Gerichtsgebäude mit Karyatiden umstellt, deshalb wird das Urinierhäuschen mit Tempelkulissen umzäunt. Jeder weiß, was dahinter ge-

schieht, doch jeder tut geniert, als vollzöge er im Hineingehen ein gesellschaftsfähiges Ritual.

Der architektonische Funktionalismus wurde unzeitgemäß, nicht nur weil er engstirnig moralisierte. Er reduzierte das sisyphushafte Menschheitsziel, den Traum vom Paradies, die Suche nach Glück, Brüderlichkeit und allgemeinem Wohlstand auf die praktikablen, jedoch banalen Kürzel: Licht, Luft, Sonne, nackte Körper und kurze Wege. Durchsichtigkeit und Entblößung wurden schwärmerisches Gebot, auch aus heimlicher Liebe zur Naturwissenschaft, wo selbst die Bausteine der Materie nicht mehr im undurchdringlichen Dunkel blieben. Ornamente und Hüllen wegschälen, dies schien ein Akt der Wahrheitsfindung und zugleich ein Akt der Hygiene. All die unnützen Staubfänger, Säulchen und Rosetten waren nun entfernt, und der Gegenstand, das Gehäuse stand ‚an sich‘ da: So bin ich, unmaskiert, unprätentiös, eine ‚ehrliche Haut‘. Doch irgendwann entdeckte irgend jemand, daß die undekorierte Kiste aufgrund ihres biedermännisch unauffälligen Aussehens bestens geeignet war, alles Mögliche – also auch Zwielichtiges – zu beherbergen. Das führte letztlich dazu, daß ‚Durchsichtigkeit‘, die metaphorische Anverwandlung von ‚Wahrheit‘ und ‚Demokratie‘ als Trompe-l'Œil-Folie über die mancher Konzernresidenz innewohnenden Geheimnisse gezogen wurde. Transparenz als Attrappe. Nicht verlockt vom schönen Schein, sondern geschäftig, nüchtern, nebenbei, ahnungslos betritt man diese Bauten. Spiegelnde Fassaden, die sich selbst aufheben, die Umgebung und Himmel reflektieren, sind Tarnung für die feuerspeienden Drachen IBM, Shell, Bayer, Rheinstahl und wie sie alle heißen. Hier wird das Gehäuse tatsächlich zur Falle, außen unauffällig, da nicht ein armseliger Inhalt kaschiert werden muß und man, im Gegenteil, zur Unaufmerksamkeit verleitet werden soll. Mag Obrigkeit sich aufplustern, die wahren Mächte im Land machen sich äußerlich klein, erst im Inneren der Macht erfährt man seine Gefangennahme.

So war es einmal, so stimmt es nicht mehr ganz, denn im Lauf der Zeit sind die Hochburgen der Konzerne trotz oder wegen ihrer Anonymität ins Zwielicht geraten. Die gläsernen Hochhauskristalle wurden zum Synonym von Wachposten und Bedrohung, woran auch allgemeine Kritik an der modernen Architektur und ein überschwappender Schwall von Information und flüchtigen Bildern nicht unschuldig waren.

Überinformation und grundsätzlicher Zugang zu jedem gespeicherten Wissen verführt zur Meinung, das Unübersichtliche sei faßbar und alles sei möglich, verstärkt aber auch die Zweifel, was denn nun wirklich

vorrangig sei. Alles, auch Gegensätze, wahrnehmen, führt zur Rotation, und immer künstlichere Verdrehungen führten in der Architektur dazu, daß es ehrlicher zu sein schien, den Einflußreichen pompöse Fassaden zu verpassen. Eine Macht, die so tut, als sei sie nicht vorhanden, weckt Mißtrauen, eine Macht mit gespickter Ordensbrust wirkt schon fast liebenswert naiv. So entsteht eine neue Generation von Hochhäusern, deren Fassaden behaupten: Hier wohnt zwar Macht, doch harmlose, eher in der Art von tapsigen Bären, gutmütig, kindlich, verschleckt. Die eiskalten Ordnungen, die von Fleiß und mathematischem Kalkül künden, mögen sich hinter den dekorierten Paravents verbergen, gezeigt werden sie möglichst nicht mehr. Hier setzt die (bis zum Überdruß) sogenannte postmoderne Architektur an. Der amerikanische Architekt Robert Venturi hat das Schlagwort vom „dekorierten Schuppen" geprägt: Ein großer Teil der Architektur ließe sich definieren als banale Kiste mit davorgesetzter dekorativer Fassade. Die Attrappe wird zum Relief. Nicht nur, daß der Marmortempel sich als Sperrholzkonstruktion entpuppt, wenn man um die Ecke schaut, ist er auf eine armdicke Kulisse zusammengeschnurrt. Eventuell ist man getäuscht worden, jedoch würde Venturi bestreiten, daß es sich hier um eine Attrappe handelt. Wie ein Fernsehschirm Informationen vermittelt, sagt Venturi, ist auch diese repräsentative Wand nicht mehr und nicht weniger als ein Zeichenträger, eine Anschlagtafel, die den Inhalt des dahinterliegenden Hauses bekannt gibt. Das mag zuweilen stimmen, in den überwiegenden Fällen ist die schöne Kulisse allerdings Verpackung eines nichtssagenden Inhalts, was nachzuprüfen ist an den Peripherien der Städte in all den Vorortvillen, Supermärkten, Diskotheken, Hotels usw. Sie halten innen nicht, was sie außen versprechen. Da hat sich der „dekorierte Schuppen" als Falle erwiesen, als Übertölpelungsapparatur für unbedarfte Konsumenten. Zwar ist die Falle kaum lebensbedrohlich, doch sie plündert das Portemonnaie. Ein Phänomen, das mittlerweile fast allen Gegenständen anhaftet: Besser, man faßt nicht dran, sonst lösen sich Furniere, Folien, marmorierter Kunststoff, und dahinter zeigt sich bröckelnder Tinnef. Einblicke in eine schleichende Zerstörung und nicht in das, was die Welt zusammenhält.
Die Falle schnappt zu, meistens kann man sich wieder befreien. Doch es gibt Bauten, deren Biß nicht mehr verheilt. Internat und Klosterschule, die Schule überhaupt, das Elternhaus, Kirche und Kaserne sind in der Literatur oft genug als Orte der Disziplinierung, der seelischen Verformung oder gar Verstümmelung beschrieben worden. In diesen Bauten zeigt sich, daß die Attrappe mehr ist als ‚nachgeahmte Wirklichkeit', mehr

ist als ‚trügerischer Schein'. Die Welt im Kloster und in der Kaserne ahmt tatsächlich Welt nach, aber da es eine reduzierte und entstellte Weltnachahmung ist, kommt auch den Insassen allmählich die Wirklichkeit abhanden. So wird man zur Attrappe.
Blaubarts Zimmer, die schauerlichste Falle, in die wir fallen können, gibt es allerorten.

(1984)

Obelisk mit gläserner Kiste

1

Wenig Gereiste beziehen ihre Vorstellung vom Obelisken nicht aus Ägypten oder Rom, sondern vom nächstgelegenen Kriegerdenkmal. So kann ein nur ungenaues Bild entstehen, von Interpretationen aus zweiter und dritter Hand beeinflußt, mehr den eigenen Lebensumständen, Neigungen und Abneigungen entwachsen als allgemein gültigen Begriffen. Das subjektive Bild vom Obelisken reflektiert dann das eines entweder gedrungenen oder schlanken, säulen- oder pyramidenförmigen, marmornen oder sandsteinernen Körpers, auf einem Sockel stehend oder in den Erdboden gerammt, Grabstein, Denkmal, Schmuckelement oder Weltachse.
Dennoch können wir uns mit X-Beliebigen verständigen, denn es gibt Übereinkünfte: Immer zeigt das Bild im Kopf Stehendes, nicht Liegendes, Steinernes, nicht Metallisches, Funktionsloses statt Benutzbarem, Pathoshaltiges statt Alltäglichem.
Wie jedes Sichtbare, das wir in Worte zu fassen vermögen, wandelt sich auch Architektur oder eines ihrer Elemente notwendigerweise zum Zeichen, das über sein Dasein oder Sosein hinausweist. Aber wie jedes Materielle ist Architektur vielschichtig und unergründlich. Jeder Architekt wird vereinfachen. Er wird einen besonderen Aspekt aus der Vielfalt herausschälen. Er kann das Zeichenhafte, das Kommunikative zum Hauptprinzip seines Entwerfens machen. Er arbeitet dann mit einer Architektursprache, die Allgemeingültigkeit beansprucht.

Das bedeutet nicht unbedingt Volkstümlichkeit, aber um der Verständlichkeit willen ist eine Reduzierung der Zeichenzahl und deren prägnante Vereinfachung angebracht. Der Architekt versucht in diesem Falle, seine Formvorstellung mit dem gängigen Bild in Übereinstimmung zu bringen. Ein Pfeiler sieht dann wie ein I und nicht wie ein /, ein Hauskorpus wie ein H und nicht wie ein O, ein Dach wie ein A und nicht wie ein — aus. Diese Architekten suchen nach dem Typus: eine Architekturauffassung, die sich zu Zeiten des Funktionalismus unterdrückt fand, aber seit der Postmoderne wieder Land gewonnen hat.
Oswald Mathias Ungers oder Aldo Rossi, spätestens seit seinem Entwurf für das Deutsche Historische Museum in Berlin (1988) über die Fachwelt hinaus populär geworden, geben 'typische' Beispiele für eine derartig zeichenhaft wirkende Architektur. Rossis Museumsentwurf ist eine Collage konventioneller Bauformen, zugleich geometrisch übersichtlicher Grundfiguren, die der griechischen Stoa, dem Pantheon, der Moschee von Samarra, einer industriellen Kammarchitektur oder jener Reihe gleichförmiger Bürgerhäuser ähneln, wie sie schon Du Cerceau im sechzehnten Jahrhundert für Paris projektierte.
Etymologische Interessen ordnen die krausen Gedanken. Indem wir funktional zur ‚Urhütte' und formal zur klaren Geometrie (gleichsam den Grundformen der Baukunst) zurückfinden und damit zu einer bereinigten, von allen Krusten und modischem Behang befreiten Architektur gelangen, werden wir mit der Erkenntnis von Reinheit belohnt, ja: Der Zugang zur reinen Erkenntnis scheint offenzuliegen. Philosophieren ist für den Architekten ein visuell gesteuerter Akt. Bewußt oder unwissentlich entfernt er sich so gut wie nie vom platonischen Idealismus und fixiert gleichsam Schatten auf Höhlenwänden.

2

Der mit Teppichen belegte Flur setzt eine bestimmte Art des Gehens in Gang, anders als ein Waldweg. Er erzeugt eine bestimmte Vorstellung vom Gehen, auch wenn er nicht benutzt wird. Indem wir Bauteile gestalten, gestalten wir unsere Reaktion. Zeichen treten auf, gleichsam Erinnerungskeime, die wir unserem subjektiven Erfahrungsspeicher entnehmen. Sind die Erfahrungen mächtig, brauchen wir nicht die Wirklichkeit des mit Teppichen versehenen Raums: Es genügt das gezeichnete Projekt. Es genügt, wenn unsere Erfahrungswelt mit der unserer Mitmenschen übereinstimmt. Jeder weiß: Gelingt uns die Übereinkunft nicht, wird die Vermittlung schwierig. Verständnislos stehen wir einander gegenüber: verständnislos, aber nicht unbedingt teilnahmslos. Denn mitunter suggerieren Kommunikationsschwierigkeiten auch verborgene Geheimnisse und ungeahnte Tiefen. Einerseits machen sie nervös und ungeduldig, andererseits aber stimulieren sie detektivisches Denken, die Lust am Assoziieren, letztlich die Phantasie.

Hermetismus gehört zur Kunst und zur Literatur des zwanzigsten Jahrhunderts, weniger allerdings zur Architektur. Architektur kann schroff sein, abweisend, unnahbar, labyrinthisch, immer aber wissen wir sie zu gebrauchen. Wir wissen uns einzurichten. Das schließt nicht aus, daß sehr private Erinnerungen den Architekturentwurf beeinflussen, Überlagerungen, die niemand anderes versteht. Ihre Kenntnis aber ist nicht notwendig, um den Bau in Besitz zu nehmen.

Einen Bau in Besitz nehmend, bauen wir weiter. Wir bezeichnen seine Räume. Wir möblieren ihn. Wir eliminieren das Befremdliche. Ein Bild dagegen oder eine Skulptur bleiben uns fremd. Kaum dürfen wir sie berühren. Noch befremdender wirkt dann das Verschlüsselte. Nicht ohne Grund wurde während der *documenta 5* (1972) der Begriff ,Private Mythologie' etabliert. Gemeint ist, daß ein Werk, unter intimen Obsessionen geschaffen, unzugänglich wirken, aber dennoch anziehend sein kann, weil es geheimnisvolle, archaische, rituelle, mythologische Bezüge ahnen läßt: zweifellos kein Phänomen nur der bildenden Kunst, denn der Hang zur privaten Mythologie gehört zum allgemein Menschlichen. Zwangsläufig prägen private Mythologien die Erscheinung eines Hauses. Dennoch wird die sachliche Vernunft allerlei Zugänge zum Innern finden.

3

„So ist die Architektur ein erhabenes Symbol für die Spannung zwischen dem, was man im Geiste will und was man in der Wirklichkeit kann", sagt Josef Ponten angesichts der Fülle nie verwirklichter Pläne, die genauso wie das Gebaute zur Weltgeschichte der Architektur gehören.[1] ,Wirklich' ist für Ponten der ausgeführte Bau. Er ist Realität, eine Tatsache, die für ihn noch unbestritten war. Schließlich läßt er sich betrachten und berühren, hat eine eindeutige Funktion und drückt diese eindeutig aus. Nicht ganz so real ist ein Gebäude, das seine Funktion verbirgt (ein Gefängnis beispielsweise, das wie ein Palast aussieht) oder seine Funktion

ändert. Weniger real wird es, wenn es seine Funktion verliert, wenn aufgrund von Baufälligkeit sein statisches System geändert wird, wenn Materialien vorgetäuscht werden usw. Deshalb rührt die künstliche Ruine Emotionen an und nicht den praktischen Verstand. Sie ist so nutzlos und so sehr Symbol, daß ihre Materialität unwesentlich wird und wir sie sogar als Hologramm akzeptieren würden. Da ohnehin jedes von uns bemerkte Objekt nur als neurophysiologische Erscheinung bewußt wird, ist es uns gleichgültig, ob die Ruine aus auf Bretter gemalten Steinen oder aus echten Steinen besteht. Nie ist die verschwommene Zone zwischen Wirklichkeit und Traum besser illustriert worden als in der 14. Tafel der Carceri d'Invenzione[2] von Piranesi, wo die steinerne Konstruktion in eine unmögliche Geometrie umschlägt.
Wir sehen, auch die so unübersehbar handfeste Architektur hat Bereiche, wo die Unterscheidung zwischen Realität und Fiktion belanglos wird. Das bedeutet, daß wir die Architektur insgesamt für nicht mehr ganz so real halten können, wie es Ponten tat. Andererseits sind gerade die Begriffe Wahrheit, Echtheit, Ehrlichkeit seit den zwanziger Jahren zu Grundkriterien modernen Bauens geworden.
Das Innen eines Hauses soll sich außen ausdrücken („form follows function"), das Material soll materialgerecht verwandt werden, die Konstruktion soll ablesbar bleiben: All dies wurde zum Inbegriff ehrlichen Bauens. Nichts durfte vertuscht werden, die ‚Wahrheit' wurde ans Licht geführt. Auch so ließe sich der Slogan ‚Licht, Luft und Sonne' interpretieren. Die gläsernen Kisten des Funktionalismus sind unbestreitbar von ausgeklügeltem Nutzen und nebenbei, je nach Standpunkt, Symbole einer hohen Moral oder einer extremen Ideologie.
Wer in der Architektur die Lüge zu vermeiden trachtet, hat einen strengen Begriff von Realität. Doch wenn wir uns die zuvor betrachteten Zweifel zwischen Realität und Fiktion vor Augen führen, dürfen wir im Grunde nur sagen: Etwas ist real, wenn es in sich schlüssig ist, das heißt, wenn unsere Beobachtungen uns widerspruchsfrei erscheinen. Schon befinden wir uns wieder auf schwankendem Boden, der gerade noch gangbar ist, befinden uns aber auf dem gleichen Grund wie mancher Medientheoretiker, der sich auf den Krückstock ‚Viabilität' stützt,
So wäre hier vorzuschlagen, daß das vielfach ramponierte Schlagwort ‚Wahrheit' durch den Begriff ‚Schlüssigkeit' ersetzt werde, wenn wir ihn denn überhaupt noch brauchen. Denn das Prinzip Collage (wohl eines der wichtigsten Kunstmittel des zwanzigsten Jahrhunderts) läßt sich mit ihm nicht vereinen. Eben aus dem Nichtschlüssigen, aus der Konfrontation

von Unvereinbarem tritt das gesuchte Neue hervor. „Die unvermutete Begegnung einer Nähmaschine und eines Regenschirms auf einem Seziertisch"[3] setzt nicht nur Poesie frei, sondern ebenso das Leuchten des Unbegreiflichen und verrät damit dessen Existenz. Wenigstens diese Gewißheit ist uns sicher.

In der Karambolage der Einzelteile, in ihrem nicht genau Aneinander-Passen werden die Durchblicke und Zwischenräume wichtiger denn je. Wir gucken in aufgeplatzte Nähte oder ungefüge Paßstellen und versuchen das Entdeckte zu entziffern. Was sich verbirgt, soll enthüllt werden, in der Hoffnung, daß das, was zu sehen ist, keine Fiktion ist. Aber das Entblättern der Schichten wirkt wie eine zwanghafte Handlung: Jede Schicht verdeckt eine nächste und keine ist ‚wahrer' als die andere.

Die Zeichen für Ehrlichkeit im funktionalistischen Bauen erscheinen uns nicht mehr glaubwürdig. Hinter transparenten Fassaden geschehen die undurchsichtigsten Manipulationen. Die Collage hingegen mit ihren unvermittelten Gegenüberstellungen erscheint uns ‚richtiger', auch in der Architektur. Sie entwertet Zeichen und Symbole, denn falls Zeichen hervortreten, widersprechen sie sich. Ihr Symbolhaltiges liegt zwischen den Dingen, im luftigen, luftleeren Raum. Die Moral ist: Realität und Fiktion bedingen einander. Wir können auch sagen, sie heben sich auf. Keine Zeichen mehr, keine Symbole.

Anmerkungen

1 Josef Ponten, Architektur, die nicht gebaut wurde, Stuttgart 1925, Reprint Stuttgart 1987, S. 12
2 Erste Fassung 1745, zweite Fassung 1761
3 Lautréamont, Die Gesänge des Maldoror, Das Gesamtwerk, Reinbek 1963, S. 144

(1993)

Trennschärfe und Zwielicht.
Über den Umgang mit Fragmenten

Unvermutet eine Hand aus dem Dunkel, ein Baumgerippe sekundenlang im zerreißenden Nebel, der Schatten einer Person hinter dem Vorhang: Ereignisfetzen, die das Gemüt bewegen, Bruchstücke einer unerforschten Welt. Gespannte Erwartung wird auf den Horizont projiziert. Vorhang, Nebel und Dunkel ergeben diffuse Bildwände, auf denen sich die Konturen einer fremden Realität abzeichnen. Hand und Tod, Baum und Unheil, Person und unbestimmte Sehnsucht überlagern sich wie auf doppelt belichteten Fotografien. Zweideutig ist der Vorfall, zu flüchtig der Eindruck, um Klarheit zu schaffen. Unter veränderter Beleuchtung wirkt der Schnappschuß, der Splitter des Ereignisses, obwohl schon oft und deshalb nur noch beiseite wahrgenommen, nicht mehr eindeutig, sondern geheimnisvoll. Unter veränderter Beleuchtung drängt es uns, das vorübergehende Fragment mit aufgerissenen Augen einzufangen, zu dramatisieren und sein Unsichtbares erkunden zu wollen.
Neugier entsteht, wenn etwas blitzartig, aber nicht ausreichend genug wahrgenommen wurde. Neugierig werden wir jedoch nur, wenn uns eine Chance gegeben wird, wenn wir uns wenigstens einen Reim machen können. Eine Scherbe, ein Steinhaufen oder ein geknickter Stab sind keine Fragmente. Ragt hingegen der Arm eines verlorenen Marmorstandbildes aus den Trümmern, rührt uns die Zartheit seiner Kontur oder auch die athletisch-muskulöse Form und läßt uns Vermutungen über die mögliche Gesamtgestalt anstellen. Wir neigen zur Konvention. Ein Bruchstück wird gedankenvoll in der Art ergänzt, wie wir zu fühlen und zu sehen gewohnt sind. Wir verlangen Schlüssigkeit. Dies ist leicht zu erzielen, wenn Symmetrie verletzt ist. Dann scheint sich eine innewohnende Logik zu offenbaren. Wir baden im vermuteten, allgemeinen Konsens und genießen zugleich ein wenig Unsicherheit ob des unwägbaren Resträtsels.
Meist also enthält das Fragment ein Rätsel und weniger ein Geheimnis. Es gehört zu den einfachen Aufgaben, eine verletzte Symmetrie zu ergänzen; rätselhaft ist eher, welches Ereignis zur Beschädigung führte. Phantasien werden geweckt, Erzählungen ausprobiert, Geschichten um das vermeintliche Überbleibsel einer zerstörenden Handlung gerankt. Das Fragment wird zum Sinnbild, der versehrte Tympanon beispielsweise zum Symbol für Herrschaftssturz.

Der fragmentierte Gegenstand muß zur Stellvertreterform taugen, sonst versinkt er im Schutt der Bedeutungslosigkeiten. Ein Körperteil vertritt den gesamten Menschen, eine Feuerstelle die Naturaneignung des homo sapiens. Eine Säule erinnert an Machtarchitektur. Wir deuten hinein: ein paar Stufen – Überwindung des Vergangenen, ein liegender Pfeiler – gestürzter Gigant, ein Mund – Sprache oder Erotik, ein Arm – zupackende Kraft. Abbruchspuren an der Brandwand eines Nachbarhauses verführen zu Melancholie und Redensarten über die Nichtigkeit des Seins. So kann das Fragment zum magischen Gegenstand werden, zum Fetisch, zum auratischen Sinnstifter, Sender und Empfänger unterbewußten Redeflusses. Während der makellose Gegenstand wie selbstverständlich seinen Platz in seinem Umkreis einnimmt, ja, nach gewisser Zeit abgegriffen wirkt und übersehen wird, bleibt das Fragment irritierend und anstößig. Es ist erklärungsbedürftig, es muß ‚beschönigt' werden. Ein ständiger Redeschwall bricht sich an seiner Bruchstelle.
Wie jede Rede kann auch diese assoziativ sein, Triviales beschwätzend, Ungewohntes ausprobierend, ungeniert den Redner an das zu Beredende fesselnd oder spekulativ über das Bruchstück hinweg in kosmische Höhen kletternd. Die Provokation gehört dazu. Das Nichtpassende als Ergänzung ist nicht nur unpassend, sondern verweist auf Unbekanntes. Technisch gesehen, entsteht so die Collage, die ihre Sprengkraft aus der Konfrontation des Unvereinbaren zieht. Die Fragmente stoßen sich ab, ziehen sich an und verbinden sich zu Zwitterwesen. In der Kunst des 20. Jahrhunderts, im Dadaismus, Surrealismus, magischen Realismus oder Dekonstruktivismus, treten diese merkwürdigen Geschöpfe auf, vieldeutig und stets auf der Kippe zwischen den Wirklichkeiten.
Jedes einzelne Fragment, bevor es mit anderen kombiniert wird, läßt Gedanken keimen und schafft zusammen mit anderen eine eigensinnige Welt. Ein nahtloser Übergang allerdings verwischt die Trennschärfe zwischen den Einzelelementen und provoziert womöglich wie auf Dalischen Bildern paranoische Wahnzustände. Deshalb tut Trennschärfe not. Die Bruchstelle muß sichtbar erhalten bleiben, soll nicht Schwindel uns befallen.
Hier beginnt das Eine, dort das Andere. Die Schwelle zwischen beiden muß spürbar sein, um die Realitäten zu trennen. Eine von beiden nur kann die erlebte sein, eine nur die imaginierte. Welche nun real ist, ist nahezu belanglos, denn beide bedingen einander. Wichtig hingegen ist, Übergänge zu installieren, deutliche Hinweise auf das Verlassen des einen Sektors. Werden Sein und Schein gleichbedeutend, dann ergänzen sich

Materialität und Immaterialität wie selbstverständlich. Das Fragment als künstlerisches Projekt handelt von dieser Dialektik. Das bewußt unfertige Gebilde harrt der Vervollkommnung. Wir sehen es im Geiste, makellos und perfekt. Die unvollkommene Gestalt, von Arbeits- und Witterungsspuren geprägt, wandelt sich zur Idealfigur. Das Stückwerk, dessen Vollendung unmenschliche Leistung erforderte, läßt als Torso auf ein Besseres hoffen. Bedeutender gesagt: „denn da ist keine Stelle, die dich nicht sieht. Du mußt dein Leben ändern."[1]
Das bewußt Unfertige zeigt, zumindest an den Rändern, Arbeitsspuren, die Stufen vom Rohen zum Feinen, verschiedene Schichten der Bearbeitung, zeigt letztlich, wie es gemacht ist. Damit wird das Rätsel seiner Entstehung offen gelegt. Das Fragment demonstriert die Tatsache seiner menschlichen Erschaffung als Gegensatz zum natürlichen Bruchstück. Es ist ohne einen dahinter stehenden Leitgedanken nicht denkbar. Der Zwist zwischen ewigem Ideal und bröckelnder Materie erzeugt jene Spannung, die wir benötigen, um unserer Unlust und dem Mißmut im Alltagsgeschäft zu entgehen.

Anmerkung

1   Rainer Maria Rilke, Archaischer Torso Apollos

(1994)

IV Denkfiguren

Entgegen dem Anschein – JE balanciert

Entgegen dem Anschein hat ein Strich keine Substanz. Die Linie ist unendlich dünn und faktisch nicht vorhanden. Ihr fehlt die zweite Dimension. „Die geometrische Linie ist ein unsichtbares Wesen", sagt Kandinsky. Sie ist nichts anderes als die Grenze zwischen den Ereignissen, die wir getrennt voneinander sehen möchten. Sie ist die Grenze zwischen Leere und Fülle, hier und dort, oben und unten, Wägbarem und Unwägbarem. Sie scheidet Vergangenheit und Zukunft. Wie die Gegenwart ist sie faktisch nicht vorhanden.
Indem wir eine Linie zeichnen, erzeugen wir eine Spur, eine Spur von Erinnertem. Aber die Linie ist faktisch nicht vorhanden. Sie ist der Pfad der Imagination. Aus dem Nicht-Vorhandenen entsteht zauberhaft das Vorhandene: Aus den linearen Eindimensionalitäten entsteht die Zweidimensionalität der Zeichnung, die wiederum die Projektion von Dreidimensionalem ist, das wiederum aufgrund seiner Machart (dem im Zeitfluß luftig Gestricktem) die vierte Dimension ahnen läßt und nun schon den Sog einer sich steigernden Komplexität vermuten läßt, also auf eine fünfte Dimension verweist, vielleicht sogar auf eine sechste. Warum sollte es dann keine siebente mehr geben – oder gar elf Dimensionen, wie es die neuen Supergravitationstheorien postulieren?
Die Linie ist faktisch nicht vorhanden, aber es läßt sich nicht leugnen, wir sehen sie. Doch Strichstärken (deren Dicken) sind nur Notbehelf fürs Auge, Erkennungen für Übergänge. Andererseits können wir den Strich auch als Seitenansicht oder als Schnitt einer Fläche interpretieren. Wie tiefgründig ist das Nicht-Vorhandene? Architekten oder Ingenieure, indem sie zeichnen, balancieren über Abgründen.

Jerry Exline, Future City, 1990

Jerry Exline zeichnet die Welt als durchlässige – so, wie wir die Materie zu kennen glauben: Leere, in der sich unendlich winzige Energieknötchen tummeln. Wie auf fotografischen Aufnahmen aus der Blasenkammer, in der elektrisch geladene Alphateilchen kondensstreifenartige Spuren hinterlassen, so hat Exlines gestikulierende Hand (aufs Papier niederstoßend, abprallend, hüpfend, schleifend, hackend, stupsend, klopfend: ein wahres Trommelfeuer) Spuren in den Nebelflächen des Zeichenblatts hinterlassen. Die Menge der nervösen Impulse ergibt letztlich einen gerundeten Gedanken. Exlines Gedanken beziehen sich auf die Stadt. Analog der städtischen Betriebsamkeit, dem Karambolieren und Fluchtartigen, dem Bündeln und Kreuzen der Bewegungen oder Begegnungen in den Cities sind Exlines Zeichnungen von Hast und Schnelligkeit geprägt. Schwärme von Haken, Häkchen, Schraffuren, Geschoßspuren (‚Geschoß‘, welch doppeldeutiges Wort für den dromologischen Architekten!), Schwärme von Blitzen und Pfeilen jagen sich, sammeln sich, gehorchen anscheinend magnetischen Kraftfeldern, stieben auseinander, beweisen Anhänglichkeit und stürzen ineinander oder übereinander her.

Exlines Raffinesse ist es, dem vermeintlichen Durcheinander eine ihm auf den ersten Blick nicht innewohnende Ordnung überzustülpen, eine dem Schöpfer dieser Strichlabyrinthe innewohnende Ordnung. Allmählich nehmen unser Auge, unser Hirn assoziationshaltige Figuren wahr.

Beim zweiten Hinschauen erkennen wir das traditionelle Kompositionsschema: Vordergrund, Mittelgrund, Hintergrund. In das diffuse Gewimmel schneiden Horizontlinien, platzen Fluchtpunkte, spannen sich Zentral- oder Übereckperspektiven. Zwar ist die Perspektive zerhackt, aber auf das Ehrenfelssche Gestaltgesetz von der prägnanten (schönen) Form vertrauend, zwingt Exline unseren Wahrnehmungsapparat dazu, aus der Flut der quirligen Partikel hervordrängend gerundete und voluminöse Gestalten zu erkennen. Altruistisch hilft Exline unserer Begriffsstutzigkeit nach durch partienweise sich verdichtende Nebel, dargestellt mittels grau- oder blauflächiger Wasserfarbenlavuren.

Dennoch ist die Auflösung der Zeichnungen derart grobkörnig (besser gesagt: grobstrichig), daß die Irritation des Betrachters anhält, ob es sich denn um eine autonome Zeichnung (die allein sich selbst meint) oder um das Abbild eines Hirngespinstes oder gar um den Schnappschuß von einer realen Situation handele. Dieses Interpretationenbündel ist erwünscht. Nur vordergründig haben Exlines Zeichnungen mit Architektur zu tun. Das Architektonische an Architektur ist ihre Eindringlichkeit, ihr ortsbefestigendes Dasein. Mehrdeutigkeit und Assoziationsfülle hin-

gegen, welche Architektur architektonisch nur in seltensten Fällen evoziert, welche Architektur zumeist als literarische, bestenfalls skulpturale Theatermaske übergestülpt bekommt – Mehrdeutigkeit also –, wird in Exlines Zeichnungen durch die Auflösung der Architektur erreicht, wird mit dem Vernebeln von Fakten und wiederum dem Heraufbeschwören von Ahnungen und dem punktweise sich Kristallisieren von Vermutungen über andere Dimensionen im grenzenlosen All erzielt.
Linien sind faktisch nicht vorhanden. Zeichnungen sind Imaginationen. Ist Jerry Exline existent?

(1992)

Carceri-Centricity

> *Ich glaube, wenn man mich mit dem Plan für ein neues Universum beauftragte, ich wäre verrückt genug, mich daran zu machen.*

Giovanni Battista Piranesi, dem dieser Satz zugeschrieben wird, war verrückt genug, sich daran zu machen, wenn auch nur im längeren Gedankenspiel: dem Carceri-Zyklus. Die „Carceri" gelten seit langem als bildgewordener Essay, als Formulierung der ‚Verlorenheit des modernen Menschen in seiner Welt'. Scheinbar bis ins Unendliche dehnen sich die Raumfolgen aus, mit der schlichten Erfindungsgabe präadamitischer Baumeister zusammengefügt und übereinander getürmt, gewaltig, zeitlos, aber auch leergefegt und demonstrativ in Szene gesetzt.
Es ist überlegenswert, ob Piranesi nicht (angesteckt von der Faszination des 18. Jahrhunderts an den aufblühenden Naturwissenschaften) eine eigene Kosmologie ausprobierte, ein Raum-Zeit-Experiment betrieb, ob er nicht versuchte, in das Universum eine beschreibbare Struktur hineinzudenken. Die gigantischen Mauerwerksmassen dieser Kerker wirken wie ein versteinertes Koordinatensystem, wie die Vorwegnahme der topologischen Figur des ‚Sierpinski-Sponge', wo jede Aushöhlung wieder Aushöhlungen hat, so daß das Volumen nach Null hin tendiert und die Oberfläche zum Unendlichen.

Lebbeus Woods, Centricity, Neomechanical Tower (upper) Chamber, 1987

*Ich glaube, wenn man mich mit dem Plan
für ein neues Universum beauftragte, ich
wäre verrückt genug, mich daran zu machen.*

Lebbeus Woods, dem dieser Satz noch zugeschrieben werden muß, ist verrückt genug, sich daran zu machen, wenn auch nur im längeren Gedankenspiel: dem Centricity-Zyklus. Unbelebte, aber im Verborgenen aktive Stadtkompartimente, Ansammlungen von Gehäusen, deren Standorte und deren Anzahl ungeklärt bleiben, verbreiten eine geheimnisvolle Unruhe. Hinter eilig konstruierten Hüllen, schmucklos und ohne Anspruch gefügt, bereits leicht verwahrlost, scheinen ausgeklügelte Apparaturen verborgen, hochintelligente Geräte, die der Manipulation von Raum, Zeit und Schwerkraft dienen. Dahinter steht die Fiktion, wenn unsere Zivilisation demnächst stranden wird, dann sei es doch wenigstens einer Elite gegönnt, aus dem Strandgut und Industrieschrott einer vernichteten Welt eine höherwertige Zukunft zu schmieden. Was Woods in seinen Zeichnungen darstellt, sind Übergangsarchitekturen, Baustelleneinrichtungen für eine Auslese von Kosmologen, Metaphysikern und Technologen, die sich aufmachen, mit Hilfe uns noch unvorstellbarer Erfindungen (Antischwerkraftsantrieben, lichtstrahlgesteuerten Raumschiffen) nicht nur unsere Welt neu zu organisieren, sondern das gesamte Weltall zu strukturieren und mit Geist zu fluten.
So sind diese Zeichnungen geprägt von der Vision einer übermenschlichen Zukunft und zugleich von dem melancholischen Eingeständnis, daß für unzulängliche Wesen wie uns in dieser Welt kein Platz mehr sein wird. Piranesi und Woods gleichen sich im Anspruch, die Unendlichkeit erobern zu wollen, und der daraus folgenden schwermütigen Einsicht, daß die Welt damit nicht freundlicher und lebenspraller wird, sondern daß auch dann Ernst und marterndes Grübeln das Leben bestimmen werden, daß Leben Geist und nicht Lust sein wird.
Piranesi entwickelte seine ‚Kosmologie' als Folge regelhafter Abläufe, dem Zeitinteresse folgend als materialistische Geometrisierung des Weltalls, während Woods, faustisch-verinnerlicht, auf der Suche nach der Weltformel, zentrierend und komprimierend Brennpunkte im gekrümmten, raumzeitlichen Universum fixieren will. Es wäre naiv, Piranesi und Woods zu unterstellen, daß sie die Welt derartig strukturiert sähen. In Wahrheit benutzen sie die architektonische Verdinglichung, um Aussagen über Unsagbares möglich zu machen, so wie Staub – emporgeblasen – im Windkanal die Bewegung der Luftströme und Wirbel sichtbar macht.

Aufgrund ihrer handwerklichen Perfektion genügen beiden denn auch ihre zeichnerischen Mittel zur erschöpfenden Mitteilung ihres Weltbildes, verzichten beide auf die dreidimensionale Ausarbeitung. Woods hantiert mit Graphitpuder, was zauberhaft flüchtige, rauchige Himmel ergibt. Er arbeitet mit Schraffuren, die feinst nuanciert die Stofflichkeit von Materialien (Bretter, Stahl, Mauern, Betonwände) wiedergeben. Er weiß, wo eine kaum merkliche Verstärkung eines Schraffurstrichs eine Schattenkante liefert, wo das Weglassen eines Strichs einen Lichtreflex setzt. Dieser realistische Ton der Zeichnungen stützt sich auf scheinbar Fotografisches, auf schnappschußartige Momentaufnahmen, todesähnlich erstarrt, verstärkt durch die Illusion, der einsame Fotograf (Wiedergänger einer vergangenen Zeit) kauere bedrängt vor den Ungetümen der Laborgehäuse. Er weiß sich ihrer nur auf kindliche Weise zu erwehren, indem er nämlich durch die Fisheye-Linse seines Apparates blickt, so daß die Senkrechten zur Seite kippen und um das betrachtende Auge ein schimmernd freier Kreis entsteht, der lichterfüllte Ort des Unbegreiflichen.

(1987)

Je kälter die Nerven, desto rascher die Nachrichtenübermittlung.
Zu Massimo Scolaris Verwandtschaft und Gegensätzlichkeit mit Sant'Elia

„Der Sinn der Welt ist die Vernunft." Massimo Scolari, gerade vierzig Jahre alt, zeichnet oder aquarelliert Kopfwelten eines entmutigten Greises, Welten, denen keinerlei jungenhafte Hoffnung auf Zusammenleben, Glück und Genuß anhaftet. Die formale Verwandtschaft ist unübersehbar, doch welch signifikanter Gegensatz zur pathetischen Beschwörung von Technik, Energie und ameisenhaftem Getriebe des Jünglings Sant'Elia (der mit achtundzwanzig Jahren im Ersten Weltkrieg starb). Während Sant'Elia und die Futuristen noch darauf beharrten, daß Utopie sofort machbar sei und dem „modernen Leben", das heißt, seinen neuen Maschinen, Kraftwerken und raum- und zeitfressenden Vehikeln zum Sieg

über die antiquierte Beharrlichkeit des alten Europa verholfen werden müsse, wünscht nun Scolari alle Welt, alles Leben zum Teufel. Die Utopie des Sant'Elia, seine kindliche Hoffnung auf die vervollkommnende Macht des Neuen, ist bei ihm umgeschlagen ins Phantastische, dessen Wunder nun nicht mehr bessernd in die Welt hineinpassen, sondern statt dessen den bekannten Riß in der Wirklichkeit und damit ein Aufscheinen von Grauen und Resignation bedeuten.
Irgend etwas pulsiert in dieser aufs Skelett reduzierten Welt, versteinert in scheinbar ewiger Starre. Ein Geheimnis, dessen Ambiguität Scolari bewußt verstärkt, indem er, dem Schroffheit und äußerste Distanz im Umgang mit Menschen nachgesagt werden, es ablehnt, sich selbst zu interpretieren. Bestenfalls findet er ausschließende Anmerkungen dazu, was sein Werk nicht bedeutet. Seine Meinung: „Zensur ist enthüllender als jegliche Form vollkommener Freiheit."
Ohne Zweifel stellt der anscheinend so verständliche Realismus, dem Scolari mit feinsten Pinselschwüngen anhängt, die abgefeimtesten Fallen ... nicht weniger als der Surrealismus, dessen Gaunerstückchen doch darin bestehen, daß er sich unseren eingeschliffenen Sehweisen fügt, dann aber um so mehr irritiert durch Darstellungen von räumlich-zeitlichen Ungeheuerlichkeiten. Realismus oder Surrealismus: Es handelt sich nur um Stufen von Schockbereitschaft. Den einen stimuliert ein „welkes Blatt auf blankem Stein" zum Sinnieren, den anderen bewegt dazu das „zufällige Zusammentreffen von ‚brennender Giraffe und Schubladenfrau'".
Die Welt beginnt hinter dem Augenschein. Scolari demonstriert dies nicht in der dialektischen Manier der Surrealisten, sondern indem er die reale Welt von allem Vergänglichen entblößt. Sant'Elias Städte schienen auf das Hereinfluten von Menschenmassen zu warten; in Scolaris Welten, die denen Sant'Elias ähnlich zu sein scheinen, sind Menschen unwiederkehrbar verschwunden. Da ragen Architekturen aus dem Wüstensand, dem Meeresgrund – pingelig präzis gemalt – wie eine Fata Morgana aus dem Äther, dergestalt, daß es einen danach verlangen möchte, den Erscheinungen näherzutreten und zu erkunden, welches Mysterium dort seine Spuren hinterließ. Man schaut in eine freudlos eindeutige Welt hinein, und dennoch spürt man, daß sie nur Teil eines „allgemeineren, homogenen Netzes von Bedeutung" ist. Wenn in diesen Marslandschaften, Panoramen mit Himmel und Erde, Wasser, Felsen und Sand Architekturen herumstehen, so ist dies eben nicht körperhafte Wirklichkeit (nach dem tatsächlichen Untergang werden Bauten voraussichtlich auch nicht so makellos überleben); Scolari hält uns vielmehr Spiegel vor, die die be-

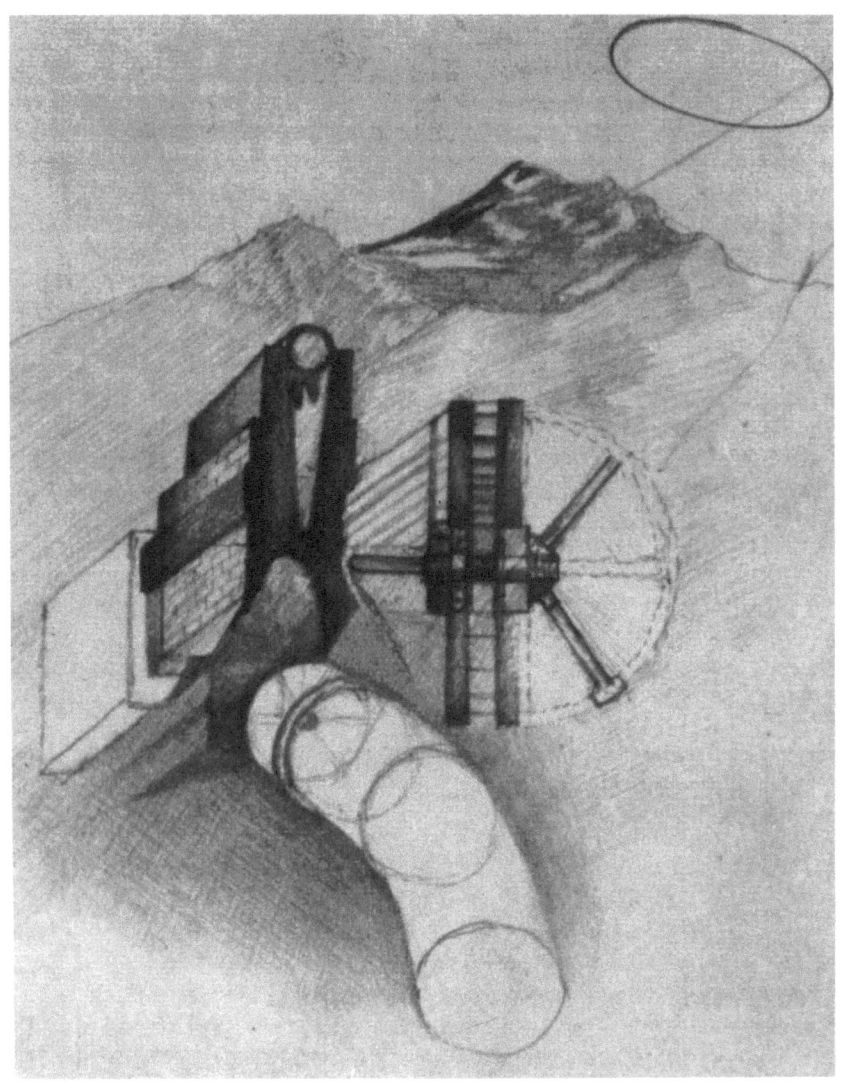

Massimo Scolari, La rabbia nei boschi, Skizze, 1977

ginnende Vereisung der Gehirne reflektieren. Um so kälter die Nerven, desto rascher die Nachrichtenübermittlung, desto effektiver die Denkleistung. Wo alles Gehirn bedeutet, Kälte, Bestand, Ewigkeit, da bleibt vom Menschen allein sein Verstand, der so – vom Körperlichen getrennt – allerdings Unsterblichkeit verspricht. Und dennoch erscheint hier Kälte auch als sinnliche Erfahrung, denn wo Leiblichkeit und Lieblichkeit nicht einmal als Schnörkel erscheinen (womit Rationalisten sich ein Gegenüber auf Distanz halten), da werden Eiseskälte und Unbehaustheit zur anrührenden Klage über fehlende Wärme und bedrängende Isolation.

Die Reduktion auf das Prinzipielle, auf das Lakonisch-Typologische, befreit vom Schmuddeligen, hat Scolari mit seinem Freund (und Lehrer) Aldo Rossi gemeinsam, dessen Projekte ebenfalls wie aus vorgeschichtlicher Dunkelheit hervortretende mythisch-geometrische Primärkörper ausschauen. Wie dort, so wecken auch Scolaris gemalte Architekturen den Anschein, als seien sie aus bewußter Armut an verfeinernden Werkzeugen geschaffen. Nur der glatte Schliff verrät die geistige Bildung der fiktiven Erbauer: ein Purismus, der nichts mit der Ornamentfeindschaft der modernen Architektur und deren bewußter Abkehr von aller Tradition zu tun hat, eher mit der zeitlosen mediterranen Stadtgeometrie des Giorgio de Chirico, wo Leben sich lichtempfindlich in dunkelste Schattenzonen zurückgezogen hat.

Le Corbusiers Dogmen verblassen. Scolari postuliert, ein Haus müsse keine Fensterbänder und kein Flachdach haben und auch nicht auf Stützen stehen.

Ein Haus ist eben mehr als ein Gehäuse, es ist ein in Jahrhunderten von der hautnahen Hülle zum mythischen Zeichen verfestigtes und verformtes Abbild des Menschen.

(1983)

Rossi oder Die Liebe zur Geometrie

Das Verfahren: Requisiten des Alltags (europäisch-hochzivilisiert) so zu arrangieren, daß einem naiven Betrachter ohne Welterfahrung, einem Kind, die Komposition ganz gewohnt und sinnvoll erscheinen kann.
Der Kunstgriff: nicht faßbare Irritationen hineinzuweben, so daß dem Feinsinnigeren, aufgestört, die Erwartung aufblitzt, es gelänge ein Blick in die lodernde Eiseskälte hinter den alltäglichen Kulissen.
Die Mittel sind schlicht: menschenleere Stadtlandschaften im mediterranen Licht, eine vergiftete, wasserdampflose Klarheit der Atmosphäre – betont durch tiefe Schlagschatten, die die präzise Geometrie der Baufiguren nachzeichnen.
De Chirico hat so gemalt, ein Illusionist. Aldo Rossi erklärt derart Unergründliches zur Wohnung. Ein Träumer?
Vielleicht, jedoch einer, der kollektive Träume aufzeichnet. Sein Werkkatalog ist jetzt erschienen, preiswert, gut gedruckt und reichhaltig. Allerdings, das Vorwort von Francesco Moschini ist schwierig zu lesen, es ist klügelnd und sucht nach entferntesten Zusammenhängen bis hin zur Todesangst in Georg Trakls Lyrik.
Wer flüchtig im Katalog blättert, gewinnt den Eindruck einer menschenfernen, nur einer mönchischen Elite zugänglichen Architektur. Doch erklärtermaßen plant Rossi nicht für Auserwählte, nicht für eine Schicht pervers-asketischer Auftraggeber. Rossi will die beschädigte Umwelt der Stadtbevölkerung in Ordnung bringen. Er will „das Chaos höllischer Rhythmen und Bilder" (Moschini) gegenwärtiger Zivilisation zugleich artikulieren und zähmen.
Dem Widerschein der industriellen Zivilisation – labyrinthische Beliebigkeit der Stadtarchitekturen, Entfremdung des Einzelnen – begegnet er mit einem simplen Baurepertoire von Primärkörpern (Quader, Kegel, Zylinder, Pyramide und deren ironisch-symbolischen Verwandlungen: Schornstein, Kanne, Dreikant, Hütte), ursprünglichen Minimalformen, denen er Bedeutungshaltigkeit zutraut und deren Sprachkraft durch die jeweilige Umgebung evoziert werden soll, den „Umstand", in den hinein er sie verpflanzt.
Rossi befindet sich da (bewußt) im Einklang mit den Intentionen der Vorkriegsmoderne, mit der „kristallklaren Sachlichkeit" der zwanziger Jahre, aber darüber hinaus legt er an den geometrisch-klaren Figuren die geschichtlichen Verkrustungen frei, die seit archaischen Zeiten sich

ablagernden Konnotationen. Er begreift „Geschichte als bereitstehendes Material der Architektur"[1], beschränkt sich in seinem Werk allerdings auf die ihn archetypisch anmutende, aus vorgeschichtlicher Dunkelheit tretende pure Geometrie. Hier schimmert puritanische Gläubigkeit auf, Hoffnung auf die Wiedergewinnung des verlorenen Paradieses, auf Annäherung an das platonische Reich der Ideen – und letztlich der naive Anspruch, die kapitalistische Welt zur moralisch-strengen Besinnung führen zu können.
Rossi mißtraut südländischer Fröhlichkeit, beargwöhnt schaumschlägerische Theaterkünste. Menschen, wenn überhaupt, treten als schwarze, Platons Höhlengleichnis entwichene Schatten auf, die Stadtentwürfe selbst erinnern an Stätten der Isolierung, Gefängnisse und Klöster oder ähneln Krematorien und Totenstätten. Gemeint ist das anders.
„Äußerster Präzision der Form entspricht die größtmögliche Fähigkeit zur Anpassung an zahlreiche Funktionen"[2], sagt Rossi in bester rationalistischer Tradition. Rossi-Bauten sind so entworfen, daß sie mit den Zeiten ihre Inhalte ändern können, und sind somit, indem sie sich unterschiedlichsten Gesellschaftsschichten zum Gebrauch anbieten, wahrhaft kollektive Bauten (eines von Rossis Vorbildern: der Diokletianspalast in Split). Aber diese Anpassungsfähigkeit erklärt nicht seine Obsession, seine Faszination von den mythisch-religiösen Minimalkörpern, auch wenn die Göttin, der sie huldigen, die Vernunft ist.
Hier läßt sich der Einfluß der italienischen Semiotiker ablesen. Wenn Umberto Eco sagt: „Der Architekt muß variable erste Funktionen (im Sinne von Tauglichkeit) und offene zweite Funktionen (symbolische Bezüge) entwerfen"[3], so könnte er dies für Rossis Notizbuch formuliert haben. Eine offenere Symbolik als die der Rossischen Bauten ist kaum vorstellbar, auch wenn er vorläufig nicht verhindern kann, daß – aus abendländischer Tradition heraus – seine kargen ornamentfeindlichen Gebilde Assoziationen an Rituale des Todes und der Isolation hervorrufen. Nicht „die Semiotik der Architektur klebt immer noch am Metaphorischen", wie Maldonado sagt[4], sondern der metaphorische Blick des Betrachters versinnlicht noch die abstrakteste Form.
Rossi, der Asket: Größer könnte der Gegensatz nicht sein als der zu den Amerikanern Venturi und Rauch, mit ihrer Apotheose des wirbelnden, exaltierten Konsums.

Anmerkungen

1 Aldo Rossi, Voraussetzungen meiner Arbeit, in: werk-archithese 3/1977
2 A.a.O.
3 Umberto Eco, Einführung in die Semiotik, München 1972, S. 353
4 Tomás Maldonado, Umwelt und Revolte, Reinbek 1972, S. 105

(1980)

Der verschwiegene Vorläufer

Wenige Architekten kennen ihn, und die, die ihn näher kannten, bleiben merkwürdig unverbindlich. Sie formulieren Floskeln der Bewunderung, nicht, weil es nichts zu sagen gäbe, sondern weil man den Fund einer Goldgrube nicht gerne öffentlich preisgibt.
Friedrich Kiesler (1890-1965) war Architekt, Designer, Bühnenbildner, Maler und Bildhauer. Zweifellos war er einer der anregendsten Gestalter im 20. Jahrhundert, einer derer, die in den zwanziger Jahren die ‚Morgenröte einer neuen Zeit' zu erspähen glaubten, denen die „Bahnhofhaftigkeit" (Bloch) dieser Epoche, das heißt, das Vorübergehende einer Zwischenzeit und das Heraufdämmern einer golden schimmernden Welt, nahe und selbstverständlich schien. Er gehörte zu denen, die sich auch vom Zerbrechen aller Leitbilder nicht beirren ließen, sondern die Aufbruchstimmung nach dem Zweiten Weltkrieg wiederum als Glücksversprechen interpretierten und mit fieberndem Elan neue Hoffnungen formulierten.
Dennoch blieb Kiesler einer der Unbekanntesten unter den Heroen dieses Jahrhunderts, trotz seines bedeutenden Werks und obwohl er mit vielen bekannt (Le Corbusier, Mies van der Rohe, Picasso) und mit vielen befreundet war (van Doesburg, Duchamp). Er reüssierte zum Geheimtip der Jüngeren, die er förderte und die sein Werk verstohlen ausbeuteten.
In seinen jungen Jahren hatte Kiesler Aufsehen erregt mit dem Entwurf einer ‚Raumstadt': vordergründig ein Ausstellungsgerüst für die *Exposition Internationale des Arts Décoratifs et Industriels Modernes* in Paris (1925), hintergründig aber das Modell für eine schwebende Stadtstruktur, ein

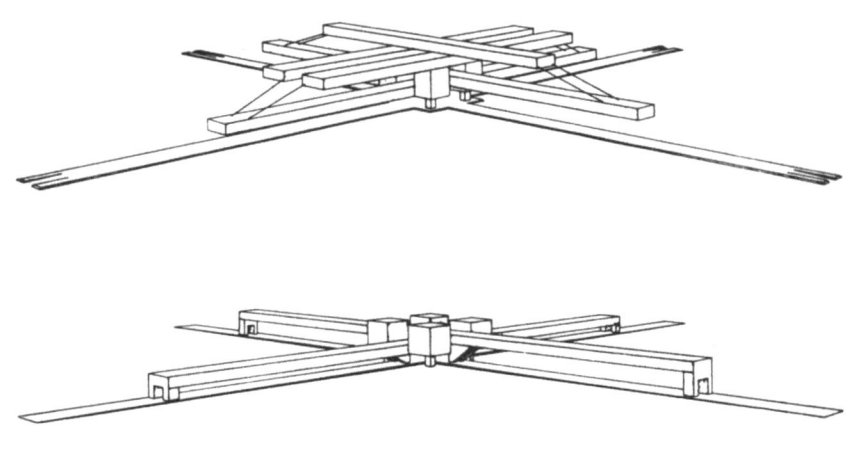

Friedrich Kiesler, Entwurf für horizontale Wolkenkratzer, 1925

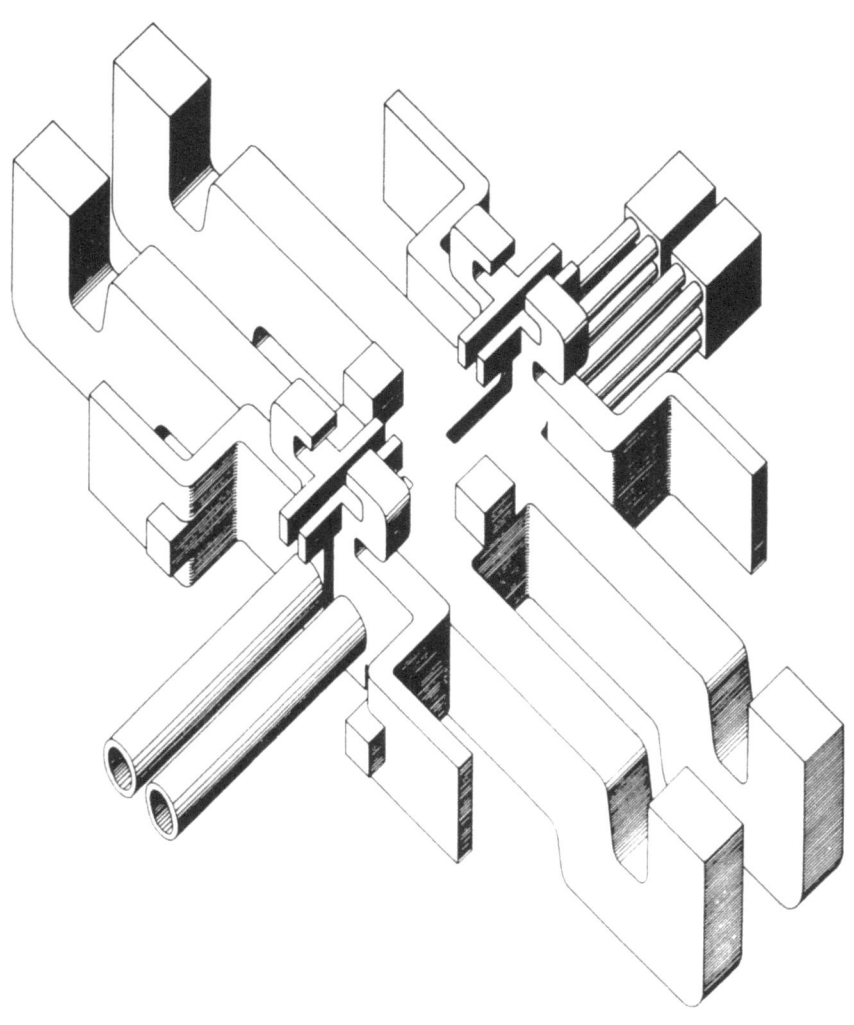

Hans Hollein, Knotenpunkt einer Stadt, 1963

Gestänge, endlos erweiterbar und mit Plattformen, Containern, Gärten und Promenaden bestückbar, so daß nach und nach ein künstlich-geometrisches Gewebe entstünde, das die chaotischen Wucherungen der Großstädte ersetzen könne, ja, das sich letztlich als Ordnungssystem bis in kosmische Dimensionen erweitern ließe. In einem gleichzeitig entstandenen Manifest hat Kiesler dies so formuliert: „Die Friedhöfe haben mehr Luft für die Gerippe der Toten als unsere Städte für die Lungen der Lebenden [...]. Wir wollen keine Mauern mehr, Kasernierungen des Körpers und des Geistes, diese ganze Kasernenkultur mit oder ohne Ornamente, wir wollen: 1. Umwandlung des sphärischen Raumes in Städte, 2. Uns von der Erde loslösen, Aufgabe der statischen Achse, 3. Keine Mauern, keine Fundamente, 4. Ein System von Spannungen (tension) im freien Raume, 5. Schaffung neuer Lebensmöglichkeiten und durch sie Bedürfnisse, die die Gesellschaft umbilden. [...] Man muß die Impulse der Zeit entdecken, wie man die Elektrizität entdeckte und muß das neue Leben erfinden, wie man den Motor erfand."
Eine epochemachende Erfindung Kieslers war die ‚Raumbühne‘, die er für die *Internationale Ausstellung Neuer Theatertechnik* in Wien (1924) entwickelte und die im Gegensatz zu all den anderen neu erdachten Bühnenexperimenten erstmals (und nachprüfbar im Maßstab 1:1) eine Spielstätte im Geist der ‚Neuen Zeit‘ vorführte. Obwohl ‚Raumbühne‘ ein Pleonasmus ist wie zum Beispiel ‚Zeitmonat‘ („nur Pflanzenkohl darf man sagen – weil es noch anderen Kohl gibt", bemerkte Alfred Kerr damals boshaft in einem Anfall von Prophetie), hat sich der Begriff dennoch durchgesetzt. Die Raumbühne, eine spiralförmig ansteigende Zentralbühne, sollte Spielort sein für ein dynamisches Theater, für das Bewegungsdrama (Railway-Theater nennt Kiesler es in einem früheren Manifest), für das es allerdings damals so gut wie heute kaum Spielvorlagen gab und das sich letztlich auch als nicht praktikabel erwies.
Das Versprechen der Umwandlung verstaubter Werte ist den Fotos noch abzulesen, die es von dieser Installation gibt. Dies mag daran liegen, daß die Raumbühne (ebenso wie Kieslers Raumstadt) in ihrem utopischen Anspruch den Werken der sowjetischen Avantgarde so nahe kommt. Es wäre tatsächlich nachzuprüfen, wie weit Kiesler sich von Tatlins Denkmal der III. Internationalen inspirieren ließ.
Später hat Kiesler sich als Maler und Bildhauer zeitweise dem Surrealismus angenähert und als Architekt mit biomorphen Formen gearbeitet. Obwohl er seit 1926 in New York lebte, hatte er beträchtlichen Einfluß auf die Wiener Nachkriegsgeneration. Bemerkenswert, wie mit schaumigen Wor-

ten deren Begegnung mit dem „großen" Friedrich Kiesler beschworen wird, wie jedoch die direkte Übernahme seiner Entwurfsgedanken bestritten oder verschwiegen wird. Im Werk Raimund Abrahams, Hans Holleins und Walter Pichlers wird da noch manches zu beleuchten sein. Seit dem Frühsommer dieses Jahres kann man von Kiesler kaum noch als Geheimtip raunen: Im Wiener *Museum moderner Kunst* fand die erste umfassende Ausstellung seines Gesamtwerks statt. Das dazu erschienene Katalogbuch bringt eine Fülle von Dokumenten, eine überwältigende Flut noch nie oder selten veröffentlichter Arbeiten und wird für lange Zeit das Standardwerk über Friedrich Kiesler bleiben. Zur selben Zeit erschien als Ergänzungsband eine breit angelegte Untersuchung über Kieslers europäische Jahre, die akribisch die Entwicklung und Auswirkungen zum Beispiel der Raumbühne analysiert. Das Buch von Barbara Lesák ist eine notwendige Vertiefung der Berichte über Kieslers einflußreichste Lebensphase, die im Katalog (als Essaybündel mehrerer Autoren) naturgemäß nur in ihren Grundzügen dargelegt werden konnte. Damit ist Kieslers Podest im Pantheon des 20. Jahrhunderts errichtet.

(1988)

Raum, Stein, Inventur oder Die alte Not der Kunsthistoriker

Wer sich und seinen Studenten immer wieder predigt, daß die skizzierende Hand ein Außenposten des Gehirns sei, daß der zeichnend bewegte Stift schneller und komplexer raumhaltige Denkfiguren wiedergeben könne als Sprache oder Schrift, steht einigermaßen verblüfft vor der neuen *Geschichte der Architekturtheorie*[1], deren Verfasser, Hanno-Walter Kruft, unbeirrt darauf beharrt: Architekturtheorie ist identisch mit ihrer schriftlichen Überlieferung.
Zwar läßt Kruft architektonische Musterbücher als theorieverdächtig gelten, aber eben nur am Rande: Theorie ist Sprache. So ist derart Architekturtheorie nur entweder nachträgliche Reflexion von Entstandenem oder Programm von Zukünftigem, überspitzt gesagt: Archäologie oder Prophetie. ‚Theorie ist Sprache' und kommt doch ursprünglich von theo-

rein = schauen. Konsequenz dieses Denkens ist, daß die Gegenwart der Bauten unerkannt durch die Maschen schlüpft, als wäre der Entwurf oder das Bauen, also der akute Vorgang der Produktion, nur Handlangerarbeit und keine geistige Handlung. Die alte Not der Kunsthistoriker: die Berührungsangst vor dem unverhüllt Konkreten, die Diskussion der Interpretationen statt des Werks. Wo der Entwerfer aus schlichter Notwendigkeit handelt, seinen selbstgeschaffenen Kompositionskategorien gehorcht, da muß der Theoretiker akrobatischste Verrenkungen veranstalten, um sich dem Werk anzunähern und es seinen stilistischen Ordnungen einzupassen, falls er nicht – und wie gut wäre dies – durch analoges Handeln versucht, sich in das Werk hineinzuschmiegen, um so dessen Geheimnisse zu entdecken. Nun ist dies gewiß Kritik an der Kunsttheorie allgemein, so sie sich mit Architektur befaßt, und betrifft Kruft nur als Teilhaber eines Gesamten. Akzeptieren wir also einmal seine Vorgaben, akzeptieren wir, daß Sprache anscheinend eindeutiger ist als das visuelle Zeichen und schauen, wie schlüssig hier ein Denkgebäude entsteht.
Bewundernswert vor allem der Materialreichtum, ein wahrhaftes Inventar der Architekturtheorien von der Antike bis zur Gegenwart. Auf den zweiten Blick entdeckt man bedauerliche Lücken. Vollständigkeit anzustreben, wäre allerdings ein abstruses Ziel, aber man fragt sich doch nach dem Auswahlprinzip, warum eine Fülle von Randfiguren abgehandelt wird, nur noch dem Spezialisten wichtig, warum dann aber der französische Barockarchitekt Le Pautre in einem Nebensatz abgetan wird, obwohl er doch – über Frankreich hinaus – Wren und Schlüter und somit den europäischen Norden beeinflußte. Oder man vermißt den großen Adolf Behne, ohne den der Kampf um die funktionalistische Architektur sicher unentschiedener geendet hätte. Gerade im zwanzigsten Jahrhundert klaffen die schmerzlichsten Lücken, sei es Theodor Fischer, Martin Wagner oder Alexander Schwab, sei es August Thierschs *Proportionen in der Architektur* oder Max Raphaels *Für eine demokratische Architektur*. Als ehemaliger Darmstädter hätte Kruft auch Karl Gruber erwähnen können, dessen *Gestalt der deutschen Stadt* eine erstaunliche Renaissance erlebt und zum Beispiel Theoretiker wie Leon Krier beeinflußt. Da der Band bis in die Gegenwart geführt wird, muß man auch Manfredo Tafuris epochemachende Untersuchung *progetto e utopia*, die schließlich in die wichtigsten Sprachen übersetzt wurde, als fehlend beklagen.[2]
Lücken sind unvermeidbar, man sollte also nicht ins Fliegenbeinzählen geraten. Worauf es ankommt, ist wohl eher, ob die vielen ‚zusammen-

gelesenen' Steinchen ein strukturiertes Gebäude ergeben oder (um im Bilde zu bleiben) nur eine mächtig-lange Mauer.
Der chronologische Ablauf (auch wenn er hier in geographisch geordnete Pakete portioniert ist) zwingt natürlich zu einer undramatischen, stapelhaften Abfolge der Theorien: die Bibliothek als Muster. Dennoch frage ich mich, ob Texte so unbeteiligt, auf Fakten reduziert referiert werden müssen. Zum Vergleich soll hier Georg Germanns *Einführung in die Geschichte der Architekturtheorie*[3] herangezogen werden. Ein Beispiel: Der Bramante-Schüler Cesariano legt 1521 eine italienische Vitruv-Übersetzung vor, deren Text unter anderem überraschend mit Abbildungen des Mailänder Doms illustriert ist. Während Kruft dies lediglich verwundert feststellt, liefert Germann eine überzeugende Begründung. Das größte Bauwerk der Lombardei wird hier zum Muster genommen für die zeitenüberdauernde Gültigkeit der vitruvianischen Lehre. In diesem Zusammenhang diskutiert Germann auch die Kreisform als Vitruvsche Proportionsfigur und zeigt analytische Zusammenhänge zwischen Dom und der berühmten Figur (Mensch im Kreis).
Während Kruft nacherzählend die Theorien addiert, gelingt es Germann, die Theorien zu verknüpfen in ein Netz vielfältiger Bezüge. Man vergleiche auch die entsprechenden Passagen über Marc-Antoine Laugier, dessen Gedanken zur „Urhütte" gerade unter den heutigen Theoretikern erneut Prominenz erringt und auf dessen Wort vom „Chaos und Tumult im Ganzen" und der „Einförmigkeit im Detail" sich Le Corbusier in seinem Buch *Urbanisme* stützt. Derlei Querverweise über die Jahrhunderte hinweg findet man bei Kruft nicht, obwohl zum Beispiel Le Corbusiers Pathos auffällig an Laugier erinnert:
Le Corbusier: „Die Kathedrale ist kein Werk der bildnerischen Kunst; sie ist ein Drama: sie ist Kampf gegen die Erdenschwere, ein Sinnenerlebnis gefühlsmäßiger Art."[4] Stilistisch Ähnliches bei Laugier: „die korinthische Ordnung bildet eines jener Schauspiele, wo ein einziger Blick packt und die Seele außer sich bringt."[5]
Ich kann mir eine Welt vorstellen – theoretisch –, in der Architektur im Manuskript reflektiert wird. Eine blasse Welt, die sich bald vom Irdischen entfernt. Ich weigere mich daher zu akzeptieren, daß dies der einzige Weg architektonischer Nachdenklichkeit ist. Die Klärung der Begriffe findet nicht nur dort, sondern komplexer statt in der Skizze, im Plan, im Modell, im Gehäuse. Ohne die Gruppe Archigram und Peter Cook gäbe es einen ganz bestimmten Sektor der High-Tech-Moderne nicht, obwohl sie nur gezeichnet, wenig geschrieben und nichts gebaut

haben. Wenn das kein theoretisches Werk ist – doch für Kruft ist es nicht existent! Das gebaute Werk Louis Kahns, ein Beispiel höchst philosophischer Klarheit, dessen Einfluß unübersehbar ist, dessen theoretischer Gehalt den Gang der Baugeschichte veränderte, findet folgerichtig in Krufts Buch nicht den ihm gebührenden Niederschlag. Wer hauptsächlich das ungeordnete Chaos von Kahns schriftlicher Hinterlassenschaft wahrnimmt, dem entgeht dann selbst Kahns grundsätzlicher Gedanke von den dienenden und bedienten Räumen. Kahn, ein zweitrangiger Architekt und Denker, folgte man Kruft, Piacentini hingegen (wer kennt ihn schon: ein nicht zu Ende reflektierender Neoklassizist in Mussolinis Gefolge) wird aufgrund seines schriftlichen Nachlasses über die Maßen aufgewertet. Im Zettelkasten verschieben sich die Proportionen allzu leicht.

Ich wünschte mir eine Geschichte der Architekturtheorie, geschrieben nicht am Schreibtisch, sondern auf Straßen und Plätzen, zwischen Ruinen, auf Baustellen und in Werkstätten: deftige statt blasser Theorie. Dieses Buch bleibt sicher das wichtige Nachschlagewerk; wer über Baugeschichte nachdenkt, wird künftig ohne den ‚Kruft' nicht auskommen, muß sich aber klarmachen, daß Erfahrungen über Raum und Bau anderswo vermittelt werden.

Anmerkungen

1 Hanno-Walter Kruft, Geschichte der Architekturtheorie, München 1985
2 s. werk-archithese 1978/Heft 13-14, S. 78
3 Georg Germann, Einführung in die Geschichte der Architekturtheorie, Darmstadt 1980
4 Le Corbusier, Ausblick auf eine Architektur, Bauwelt Fundamente Band 2, Frankfurt/Berlin 1963, S. 38
5 zitiert nach Germann, a.a.O., S. 205

(1986)

V Im Geldstrom

Zerklüftete Oberflächen – polierte Monolithen.
Wolkenkratzerstadt Frankfurt am Main

> *‚Da, jetzt guck hinunter', sagte er. Heidi sah auf ein Meer von Dächern, Türmen und Schornsteinen nieder; es zog bald seinen Kopf zurück und sagte niedergeschlagen: ‚Es ist gar nicht, wie ich gemeint habe.'* (Johanna Spyri)

Geschichte lesen

Frankfurt ist eine Bankenstadt. Frankfurt ist im Umbruch, wird beleibt und putzsüchtig. Schneider[1] machen sich an seinen Hausgiganten zu schaffen und kleiden sie ihrer Umgebung gemäß ein – der Notwendigkeit gehorchend oder der Eitelkeit. Wie in allen kommunikativen Bereichen gilt auch hier der Konsens: Erlaubt sei noch die abwegigste Selbstdarstellung, wenn nur die gesellschaftliche Toleranz nicht überbeansprucht werde. Aber Intensität und Abstufungen der Toleranz werden von den Zeitläufen bestimmt. So bedingt lassen sich im Stadtensemble Geschichten ablesen, einander Zugehöriges verfolgen und Epochen identifizieren. Wie überall sind auch hier Modeerscheinungen Indikatoren für die Dezennien, in denen sie entstanden. In überschaubaren Abständen wälzt die Stadt sich um. Nicht nur entstehen neue Schwerpunkte im Stadtplan oder werden neue Schneisen geschlagen, auch die Körper und Gesichter, Hausgesichter, passen sich an und spiegeln das allgemeine Befinden wider, den sogenannten Zeitgeist. Volumen werden verschoben, Kulissen werden ausgetauscht. Einer ‚innengeleiteten' Gesellschaft (vor den Weltkriegen) folgen heute ‚außengeleitete' Tendenzen mit allen Zwischenstufen und

Varianten. In der so rapide ihr Image wandelnden Stadt Frankfurt lassen sich die Metamorphosen wie im Freilichtmuseum verfolgen.
Frankfurt war von jeher eine bürgerliche Stadt: Königliche Zollstätte seit 1074, Stadt der Handelsmessen (zweimal jährlich seit 1333), hervorragend gelegen am Kreuzpunkt der großen europäischen Handelsstraßen. Es ist wohl selbstverständlich, daß sich an solch ausgezeichnetem Ort Banken und Handelshäuser etablierten und somit Wohlstand sich festigte. Doch man gab sich zurückhaltend. Zwar genoß man die Wohlhabenheit, aber man liebte auch die Mimikry und stellte eine gepflegte Alltäglichkeit zur Schau, ein sich bescheidendes Einfügen in die Lebensweisen der niederen Stände. Selbst das Frankfurter Rathaus, der *Römer*, war kein Prunkstück wie andernorts, sondern ging anscheinend im Gleichmaß schmaler Häuserfronten unter: ein Provisorium, hervorgegangen aus der Verknüpfung dreier Patrizierhäuser. Man hielt die ‚besten, bürgerlichen' Grundsätze hoch, wie sie 1903 Hermann Muthesius, der Mitbegründer des Deutschen Werkbundes (in Frankfurt Architekt der Villa Quincke, dem Gästehaus der Universität) formulierte: „Das Ziel bleibe Aufrichtigkeit, Sachlichkeit und eine Lauterkeit der künstlerischen Gesinnung, die alle Nebenrücksichten und Äußerlichkeiten fallen läßt, um sich ganz dem großen Zeitproblem", nämlich der „Schaffung einer zeitgemäßen bürgerlichen Kultur"[2] zu widmen.
Frankfurt war bis ins 20. Jahrhundert hinein eine merkwürdige Mischung aus Krähwinkel und überregionalem Handelszentrum. „In Frankfurt ist alles so hübsch beieinander, der moderne Großstadtbetrieb und die altertümliche Enge"[3], schrieb Max Beckmann in den zwanziger Jahren an den Verleger Reinhart Piper. Mit Ausnahme seiner puppenstubenhaften Altstadt (im Zweiten Weltkrieg völlig zerstört) und einigen dörflichen Vororten am Rande glichen sich die Stadtteile und ihre Baukörper: Hier etwas gedrängter in der Reihe, dort etwas großzügiger ins gärtnerische Grün gestreut. Den Komponisten Hector Berlioz veranlaßte dies anläßlich eines Besuchs zu einer höflichen Charakterisierung: „Welch eine liebenswürdige, aufgeweckte Stadt, Tätigkeit und Reichtum macht sich überall bemerkbar, zudem ist sie wohlgebaut, glänzt und schimmert wie ein neues Hundertsousstück, und Anlagen, die im Stil der englischen Gärten mit Sträuchern und Blumen bepflanzt sind, fassen es grün und duftig ein."[4]
Jahrhundertelang war der Domturm mit 95 Metern Frankfurts höchstes Bauwerk. Auf ihn bezog sich die Stadt in immer weiter greifenden Zirkeln: eine Radnabe, im Grunde funktionslos, weniger Glockenturm als Symbol

kirchlicher Präsenz im Mittelpunkt des Deutschen Reiches, dem Ort der Königswahl. Doch als sich die Stadt nach und nach zum Dienstleistungszentrum entwickelte, verschob, ja verdoppelte sich die Zentrumsachse. Der Knotenpunkt Hauptwache, Brennpunkt der modernen Stadt, weitete den Zirkel um den historischen Dom-Römerberg-Bereich zur elliptischen Grundrißfigur, eine Setzung spannungsgeladener Polarität, die die Entwicklung zur Weltstadt begünstigte.

Dem Brennpunkt Römerberg, symbolische Mitte einer Bürgerkultur, der die Tugenden *Lauterkeit* und *Zurückhaltung* alles galten, standen nun Orte entgegen, von denen die hegemonische Anmaßung des Wilhelminischen Zeitalters ausstrahlte: „Wir sind das tüchtigste Volk auf allen Gebieten des Wissens und der schönen Künste!"[5] Feudale Villen und maßstabsprengende Groß-Architekturen, wie Hauptbahnhof, Börse und Oper, wurden der Stadt implantiert, Bauten, die sich allerdings immer noch in die vom Dom beherrschte Stadtsilhouette einfügten. Um der Bequemlichkeit der Benutzer willen konnte die erklimmbare Höhe von vier Obergeschossen nicht überschritten werden, denn die mühelose Überwindung der Senkrechten gehörte noch nicht zu den gewohnten Dienstleistungen. Erst mit der allgemeinen Einführung des Personenaufzugs wurde die Bauaufgabe *Turm* einer endgültigen Lösung zugeführt. Der beschwerliche Weg zwischen Unten und Oben verwandelte sich zugleich in körperlichen Stillstand und zum leichten Rausch der schnellen Fahrt.

Zwischenkriegszeit

Ein ähnlich leichter Rausch überkam die Intellektuellen Europas nach dem Ersten Weltkrieg, wenn sie die eintreffenden Nachrichten aus Amerika verarbeiteten. Der kollektive Traum von einer veränderten, besseren Zukunft gewann anhand von Bildern Gestalt, die als Fotos, Filme und Erzählungen von ‚drüben' kamen. Doch im Gegensatz zu allem neuzeitlichen Fortschritt blieb Amerikas Wolkenkratzerarchitektur in einer Art Zuckerbäckerstil befangen, der selbst die technisch durchgefeiltesten Bürobauten überkrustete. In Deutschland hingegen, nach der Niederlage im Kriege auf eine industriell rückständigere Stufe zurückgeworfen, schienen die Außenhäute gaukelnd den in Wahrheit noch längst nicht erreichten Standard wiederzugeben.

Vielleicht liegt hier die Erklärung für den massiven Durchbruch des modernen Bauens in den zwanziger Jahren in Deutschland. Es war weniger

Skyline Frankfurt am Main, Fotomontage mit Modell der Commerzbank, Baubeginn 1994, Architekt: Norman Foster

Skyline Frankfurt am Main, die Stars unter den Wolkenkratzern:
Messehochhaus von Helmut Jahn, DG-Hochhaus von Kohn, Pedersen und Fox,
Torhaus von Oswald Mathias Ungers

eine utopiegeladene Architektur (wie so oft behauptet) als eine, die wohl dringendste Nöte beseitigen half, aber auch trotz der Schwächen einer sich erst formierenden Bauindustrie schon auf der *Höhe ihrer Zeit* sein wollte und deshalb statt ingeniöser Struktur vorerst nur die Maske eines technischen Gerippes trug. Ein wenig Trug gehörte dazu: Man braucht sich nur die unsystematischen und hergebrachten Konstruktionsweisen in den damaligen Siedlungsbauten (zum Beispiel der Frankfurter Römerstadt oder der Hellerhofsiedlung) anzuschauen, wo das Stückwerk mit weißen, geometrischen und messerscharf gekanteten Flächen kaschiert ist.

Ehrlichkeit (der Struktur, der Konstruktion, des Ausdrucks) gehört zu den sakrosankten Tugenden der modernen Architektur. Reinheit, allerdings in ihrer auf Sauberkeit reduzierten Bedeutung, manifestierte sich als Aufrichtigkeit. Aber bekanntlich werden gerade die rigorosesten Wahrheiten am vielfältigsten interpretiert. So schien denn auch in der frühen Moderne die architektonische Moral von gegensätzlichen Lagern beansprucht. In Frankfurt wurden die Meinungsverschiedenheiten anhand von zwei Bauten exemplarisch ausgefochten. Hans Poelzig errichtete den Verwaltungssitz der IG-Farben und Max Taut den des Deutschen Gewerkschaftsbundes (beide 1931). Die Gebäude wurden in sonderbarer Eile errichtet, als gelte es, in widrigen Zeiten markante Standpunkte zu beziehen. Daß es sich um Konträrpositionen handelte, wurde denn auch sofort bemerkt: Dem „Meisterwerk deutscher Wirtschaftstüchtigkeit" ohne die „Mätzchen eines Bauhausstils"[6], dem monumentalen und pathetischen, an Festungs- und Wehrmauer assoziativ erinnernden „Haus der Farben" antwortet ein spartanisch-konstruktives Haus, das „besser als jede große Gebärde dem Empfinden des Volkes entspricht, das diesen Bau aus seinen Mitteln ermöglicht hat"[7].

Auf der einen Seite einschüchternde Versteinerung, der scheinbar aus massiven Quadern gefügte Bau, auf der anderen Seite das ursprünglich luftige Betongerüst, nach Bedarf ausgefacht; hier die autoritär beeindruckende Maske, dort die Maske der demonstrativen Maskenlosigkeit. Der Poelzig-Bau zeigt gleichsam einen geschwollenen Brustkasten, während der Taut-Bau unübersehbar den Anspruch verkündet, daß „die Wahrheit beim Volke liege". Erstmals ist mit dem Gewerkschaftshaus in Frankfurt ein echtes Hochhaus errichtet, abhängig vom Vertikalverkehr der Paternoster und Lifts.

Rekonstruktion

Das Prinzip *Gläserne Kiste*, der monströse Kubus, scheinbar schwebend dank seiner spiegelnden, membranhaften Außenhaut, trat seinen Siegeszug durch die westlichen Länder an. Dem Kapitalismus war ein Symbol von einprägsamer Gestalt zugefallen, ein Muster höchster Effizienz. Die internationale Nachkriegsgesellschaft hatte ein Zeichen für ihr fast gieriges Streben erhalten, sich aus dem Zustand schmuddeliger, improvisierender und unvollkommener Bastelei voller Überraschungen und Katastrophen zu lösen. Folge der permanenten Krisen im 20. Jahrhundert schien ein kollektives Bedürfnis nach übersichtlicher Planung, uhrwerkhafter Präzision, minimierten Aufwand und zugleich weitgehender Unabhängigkeit von unberechenbarer Natur zu sein, kurz, das Wunschziel, perfekteste Zivilisation zu erreichen. All dies verkörperten die neuen amerikanischen Wolkenkratzer und unter diesen am sinnfälligsten diejenigen Mies van der Rohes, dessen Credo bekanntlich lautete: „Less is more".
Doch noch überlagerten sich die Bilder: Allegorien von Hygiene und Ordnung, kleinbürgerliche Luxusträume und Erinnerungen an die verlorene Stadt der Vorkriegszeit. Während man in der Bundesrepublik offiziell die Rekonstruktion der Altstädte betrieb und den Wiederaufbau mit den formalen Mitteln einer verdünnten, historisierenden Moderne forcierte, wurden die strategischen Punkte der Städte widerspruchslos von den ökonomischen Zentralen besetzt. In Frankfurt zeigte sich die sentimentale Erinnerung an die verlorene Stadt weniger im Aufgreifen althergebrachter Traditionen als in der abwartenden Zurückhaltung, das System des niedrig gelagerten Häusermeers zu durchbrechen, aber auch im Rückgriff auf die neueren, mittlerweile fast vertrauten Prinzipien der zwanziger Jahre. Man richtete den Blick zwar nach Amerika, lavierte aber nach allen Seiten und vertraute den Traditionen der inzwischen *vergoldeten* Bauhauszeit. Im Zuge dieser Rückbesinnung wurde das Hochhaus nicht als Solitär, sondern als Blockecke konzipiert. Die skulptural ausgearbeitete Ecke eines Häuserblocks war zwar ein Motiv des 19. Jahrhunderts, wurde aber gerade in der Zwischenkriegszeit in einer Fülle phantasievoller Lösungen weiterentwickelt. Das Motiv entsprach dem Gestaltungsprinzip (u.a. des *Stijl*) einer möglichst spannungsvollen Kontrastgewichtung von Vertikalen und Horizontalen.
Ein frühes Beispiel für dieses Gestaltungsmerkmal bietet das Juniorhaus am Kaiserplatz (1951, Architekt W. Berentzen), eine der ersten anspruchsvollen Frankfurter Stadtreparaturen der Nachkriegszeit. Der Bau setzt

die vorhandenen Blockseiten fort, allerdings bereits überhöht, wie um eine zukünftige, gesteigerte Ausnutzung des gesamten Gevierts zu präjudizieren. Die rechtwinklig zueinander stehenden Seitenbauten werden im Zusammenstoß zweifach verklammert: zum einen durch eine scharnierhafte Erdgeschoßbebauung, zum anderen durch einen gläsernen Zylinder, dessen kreisförmige Grundrißfigur einen Drehvorgang andeutet, ein Eindruck, der sich durch die Schraube der innenliegenden Treppe noch verstärkt. Stadt wird hier, ganz im Sinne der Theoretiker des *Ersten Maschinenzeitalters*, als mechanisches Großgerät betrachtet, als Getriebe ineinander greifender Rädchen, unmerklich in Bewegung, nur scheinbar im Stillstand befangen.

Aus der gleichen Vorstellungswelt kommt ein anderes Motiv der Zeit: das *Signal am Ende eines Schienenstrangs*, gleichsam der Versuch, durch Volumenvergrößerung den Anfang oder das Ende einer Wegstrecke zu markieren. Die Endbetonung zeigt sich besonders auffällig im Städtebau des frühen 20. Jahrhunderts, ein Motiv, um der sonst wie beliebig abgebrochenen Reihung gleicher Elemente die Bestimmtheit eines notwendigen Schlusses zu geben: Das komplizierte Abwägen der Kompositionselemente war von den Theoretikern des *Stijl* mit dem Ziel postuliert worden, auf diese Weise „am reinsten das Universale, die Harmonie, die Einheit, die dem Geist eigen ist"[8], im Kunstwerk abzubilden.

Es scheint, daß in den fünfziger Jahren selbst Stadtplanung nach diesem Prinzip betrieben wurde. Dem horizontalen Gewebe der Stadt wurden Hochhaus-*Nadeln* implantiert, als sei mit formaler Harmonie auch gesellschaftlicher Ausgleich zu erreichen. Es war die Zeit, in der man *Dominanten* setzte. Man tat dies eher gefühlvoll als rational: Wo man einen Wegweiser hinstellen würde, an Kreuzungspunkten also, an Ein- und Ausgängen von Straßenzügen und Stadtteilen, der Stadt insgesamt, sollten als Orientierungszeichen die Baumassen sich türmen. Die schlichte, kistenhafte Form der *Dominante* verweist auf ihren der städtischen Gesamtgestalt dienenden Charakter.

Rundumplastiken

In den siebziger Jahren begann man diese dienende Funktion der Räder im Getriebe der Stadt zu vernachlässigen. Die Hochhäuser wurden zu solitären Rundumplastiken. Die Formensprache der Architektur wurde assoziationsreicher, die Oberflächen wurden zerklüfteter, die Theorie zer-

brach in Lehrmeinungen gegensätzlicher Fraktionen. Hie, auf dem Rückzug begriffen, die Reinheit des bewußt farbsparsamen und auf universale Gültigkeit zielenden Funktionalismus, da die Fleckigkeit eines *interessant* gemachten, sich skulptural gebärdenden Formalismus. Die Meisterung des Volumens als symbolhaltige Gestalt wird vorrangig. Zum Beispiel zeigt sich das Prinzip *Wachstum als symbolische Form* prägnant im Bau der Hessischen Landesbank (1973-1976) von Novotny, Mähner und Marinkovic: Zwischen den monolithischen Schäften der Aufzugs- und Installationsschächte klettern die Bürogeschosse empor, als seien es Rankpfosten, die es zu überwuchern gelte. Der Hinweise gäbe es noch manche für diese Tendenz, die sich dann bald zum bedeutungsspielerischen Gepräge der postmodernen Architektur verstärken sollte.
All das, was von der Moderne als Errungenschaft gefeiert worden war, das Verschwinden der Geschichte und der Traditionen, das Entzerren der einzelnen Funktionen von Haus und Stadt, das Isolieren der unterschiedlichen gesellschaftlichen und privaten Forderungen, kurz, die mathematische Überschaubarkeit des architektonischen Prozesses, all das schien in der postmodernen Architektur nur noch wenig zu gelten. Widerspruch, Labyrinthisches, unklar Gemischtes, die ästhetische Trivialität, die vorgetäuschte Verwendung erbeuteter Spolien, die Maskerade und die Lust an der Camouflage schoben sich in den Vordergrund. Architektur wurde verlockend, zweideutig, ja vieldeutig.
Frankfurt ist eine Bankenstadt. Da Banken nichts Sichtbares produzieren und außer Edelmetallen nichts vorzuweisen haben, ist es erklärlich, daß sie sich nahezu widerstandslos dem Trend zu einer interessant gemachten und auffälligen Architektur ergeben. Der Hang zur Repräsentation zeigt sich auch darin, daß man die besten und teuersten Plätze besetzt. So zwängen sich die Bankhochhäuser alle in ein dichtes Geviert am Westrand der Frankfurter Innenstadt und sind in ein geradezu stehpartyartiges Gedränge geraten, welches die Handschlagmentalität ihrer Hausherren fast allzu deutlich versinnbildlicht. Die Bankiers beteuern, daß sie wie in vortelefonären Zeiten den persönlichen und informellen Kontakt untereinander benötigen. Es schlägt allerdings in Irrationalität um, wenn an sich sympathische zwischenmenschliche Gepflogenheiten, nun jedoch von uneingestandenen, unterschwelligen Geltungswünschen gelenkt, die Gestalt der Bankenhochburgen beeinflussen.
Je höher die Wolkenkratzer werden, um so unwirtschaftlicher wird bekanntlich das Verhältnis von Nutz- und Nebenflächen. Solange Banken ihre eigenen Bauherren sind, läßt sich die Irrationalität vertuschen. Dann

wird auch der unsinnig lange Weg von einer Spitze zur anderen innerhalb der Zwillingstürme der Deutschen Bank wie naturgegeben hingenommen. Sollen Türme aber vermietet werden, wie Frankfurts, ja Europas höchstes Hochhaus, der Messeturm (256,5 m), dann spielt die Kosten-Nutzen-Rechnung eben doch eine Rolle. So kam es, daß 1992 bei einem Mietpreis pro Quadratmeter von 75 bis 85 Mark erst ein Drittel der Büroflächen vermietet war.[9]

Es ist kaum anders als im Einfamilienhausbau: Irrationales Prestigedenken und zugleich kollektive Phantasien, archetypische Traumbilder von Wachstum und Fruchtbarkeit überlagern die Realität. Wie es im Unbewußten eines jeden Menschen Schichten gibt, die von infantilen Rudimenten und von Resten abgebrochener Lebenspläne herrühren, die gleichsam den Nährboden unausgeloteter Innenwelten abgeben, aber zugleich sichtlich die Oberflächen verformen, so sind auch diese Türme – je ehrgeiziger die Projekte werden – Produkte unreflektierter Phantasien, das heißt, sie sind *Ersatzbefriedigungen*. Alexander Mitscherlich hat dies in anderem Zusammenhang zwar als „sinnlos erscheinendes Tun", aber auch als „Affektentleerung" beschrieben: „Besitzlust, Machtgefühl, Herrschsucht, Grausamkeit – eine Fülle von Verhaltensformen kann zum Ausweg werden, auf dem die gehemmte [...] frustrierte Antriebsspannung abgeleitet wird."[10]

Wenn Bankgesellschaften träumen, darf Vergänglichkeit nicht sein. Metaphern des Stillstands werden in Kauf genommen, solange sie als Sinnbilder der Unvergänglichkeit gelesen werden können. Die Litanei der übereinander gefädelten Geschosse soll gedämpft, der Vorgang des Stapelns soll verborgen bleiben. Polierte Monolithen entstehen. Massiv, anscheinend aus einem Guß, wirken sie wie die Pfeiler eines zyklopischen Bauwerks – unermeßlich in seiner Ausdehnung. Im Stadtgebiet verstreut, verhelfen sie selbst banaleren Spekulationsobjekten zu neuer Interpretation. Der Stadtraum bläht sich vom flächigen Plan zu voluminöser Körperlichkeit. Als nachdenklichen, vielleicht auch ironischen Reflex auf den Trend zum kristallinen Monolithen stellte Ulrich Rückriem einen Granitpfeiler ans Mainufer, der in seiner roh behauenen Geometrie naturhafte Körperlichkeit gegenüber den Substanzverlusten der ihre Umgebung spiegelnden Glaskörper demonstriert. Zugleich ist der kleine Rohling ein Lehrstück in angewandter Perspektive, denn er fügt sich (von nahem betrachtet) selbstbewußt in die Stadtsilhouette ein.

Haus als Säule

Die kristallinen Körper des Doppelhochhauses der Deutschen Bank sind Eckpfeiler des monumentalen Stadtgehäuses. Hervorgehoben stehen sie im Stadtraum (seit 1984, Architekten Hanig, Scheid und Schmidt), verspiegelte Prismen, Blitze schleudernd bei niedrigem Sonnenstand, dem Eindruck nach eisig, funktionslos und unbewohnt, ebenso geheimnisvoll und unerklärlich wie der rätselhafte Kubus in Kubricks Science-Fiction-Film *2001*. Tatsächlich sind sie eher Pfeiler denn Säulen, da ihnen nach oben der Abschluß fehlt. Denn das Hochhaus hat Fuß, Leib und Kopf, Basis, Schaft und Kapitell. So jedenfalls lautet seine anthropomorphe oder *Säulen*-Interpretation. Sie stammt aus der Frühzeit der Wolkenkratzer. Louis Sullivan[11] vor allem, Amerikas bedeutendster Architekt während der Blütezeit Chicagos, prägte sie und führte noch weitere Deutungen an, die, von der Magie der Zahl Drei geleitet, die notwendig gedrittelte Gliederung des Hochhauskorpus postulieren. Offenbar handelt es sich hier um eine Kompositionsformel, die eine im menschlichen Denken verwurzelte Struktur (Anfang-Mitte-Schluß) wiedergibt und deshalb unangefochten noch (oder wieder) die Körper der jüngsten Hochhausgeneration bestimmt. Die Bauten haben den breiten Fuß der Ladenpassagen, den monoton gerasterten Schaft der Büroetagen und den charaktervollen Kopf, der zugleich naiv und werbewirksam die *herausragenden* Eigenschaften der Firmenspitze abbildet. Ursprünglich sachlich-funktionale Stapelgerüste, sind diese Bauten doch gleichermaßen mythische Gestalten: Giganten, die allerdings ohne Witz und ohne dramatische Spannung allzeit in der nämlichen Geste des Sichreckens und Sichbrüstens befangen sind, einem gleichsam martialischen Strammstehen. So macht der einzelne Gigant auch weniger Eindruck als geplant. Erst im Nebeneinander, im fiktiven Gespräch, in der Parade, als Skyline tritt Spannung hervor. Der Eindruck von Uniformierung läßt sich dennoch nicht verhindern, auch wenn die neueste Hochhausgeneration ihr Outfit nach den Regeln der Werbestrategen verpaßt bekommt.

Das Konzept der Postmoderne stimmte ziemlich genau mit jenem überein, mit dem die Konsumgüterindustrie der westlichen Welt ihre Waren verkauft. So stellten die neuen Bauwerke bald nicht mehr Lebendigkeit dar, sondern nur mehr deren verfälschtes Abbild: Images der beteiligten Konzerne. Die Vereinnahmung führte gar zum Theorieersatz. *Corporate Identity* (die neue Management-Zauberformel) wurde zum verinnerlichten Entwurfsprinzip der Architekten. Architektur gilt mittlerweile als das Medium, um das neue Erscheinungsbild eines Konzerns zu demonstrieren, mit dem er sein *Image* gegenüber Belegschaft, Kunden und Geldgebern positiv verändern will.

Maske oder Merkzeichen

So verwandelt sich das Gebäude zur großen Gebärde, zum Merkzeichen oder gar zum Firmensignet. Spielt nun der Aspekt des Vermittelns die bedeutendere Rolle, hat dies Substanzverlust zur Folge. Bislang nahm man den Ausdruck eines Bauwerkes meist derart wahr, daß ein ihm Innewohnendes sich der Außenhaut aufprägte. Seit der Postmoderne aber wird zur Maske, was vordem *ehrliche Haut* zu sein versprach. Was außen sich abzeichnet, muß nun real nicht mehr vorhanden sein: Die Körper könnten auch hohl sein.
Als 1984 auf dem Frankfurter Messegelände das sogenannte *Torhaus* errichtet wurde, konnte oder wollte sein Architekt, O.M. Ungers, die Hohlheit des Gedankengebäudes nicht vermeiden. Der Bau ist ausdrücklich sowohl als Symbol des internationalen Handelsplatzes als auch als Eingangstor zur Messestadt Frankfurt geplant. Sorgfältig ist das Haus als *Vorgang* komponiert, zu interpretieren als zwischen massiven Sandsteinscheiben hervortretender Kristallkubus oder als stadttorähnliches Steinhaus, dessen überdimensionale Öffnung von einer gläsernen Falltür versperrt wird. Man hat den Eindruck, selbst für den Betreiber des Baus als Büro- und Konferenzhaus sei die wahre Nutzung belangloser als die Botschaft. Sie scheint alles zu sein. Das Volumen hingegen ist abgemagert zum stützenden Gerüst eines Gedankens.
Das *Torhaus* gehört zu denen, die einen anscheinend unaufhaltsamen Trend verkörpern: Bauen ist nicht mehr allein ein Akt der Bedürfnisbefriedigung, sondern wird zum Medium, verändert sich zur Fabrikationsstätte von Erinnerungen. Standorte werden markiert, Totempfähle gesetzt. Zentrale Orte der Identifikation könnten so entstehen und eventuell den Großstadtdschungel überschaubar machen. Die Frankfurter Messe mit ihren weltweiten Verknüpfungen braucht offenbar derart sichtbare Identifikationsangebote: auffällig, überragend und publicityheischend. Der von Helmut Jahn entworfene *Messeturm* überragt derzeit alle anderen. Obwohl im Bauwettbewerb nicht mit dem ersten Preis ausgezeichnet, entschied sich der Bauherr doch für ihn, zweifellos weil der Bau in seiner

eingängigen Symbolik zum Merkzeichen am geeignetsten unter allen Entwürfen zu sein schien.
Das Gebäude wirkt wie das Ergebnis eines teleskopartigen Geschiebes: Aus einem durchlöcherten Natursteinsockel heraus, zwischen den steinernen Fassaden von vier im Karree gegeneinander gestellten, treppengiebelgekrönten Hochhauspartien drängt ein gläserner Zylinder hervor, in den wie bei einem Fernrohr weitere Zylinder hineingedreht sind. Das Ganze beschließt eine in der Horizontalen zweifach unterbrochene Pyramide. Während der Turm in seinen Hauptpartien mit traditionellen Hausformen spielt (Treppengiebel), wird er in Wolkennähe geometrischer, abstrakter und immaterieller (Zylinder und Glaspyramide). Der Bau steigt vom irdisch steinernen Sockel zur ätherisch funkelnden Spitze empor. Welch *hervorragendes* Sinnbild in seiner banalsten Bedeutung.
Der nächste der markanten, das Stadtbild prägenden Türme ist das von den amerikanischen Architekten Kohn, Pedersen und Fox geplante DG-Hochhaus (200 m hoch) am Platz der Republik, aufgrund seines auffälligen, durchbrochenen Dachabschlusses auch *Kronenhochhaus* genannt. Im Anblick der Volumen wird erkennbar, daß die Verknüpfung von horizontaler und vertikaler Stadt hier am überzeugendsten gelingt. Einem großstädtischen Gefüge, gestapelte und verschachtelte Baukörper, in einer dem nahe gelegenen Bahnhofsviertel angeglichenen Höhe, entsteigen zwei dank einer mittleren Schiene verklammerte, ebenmäßige Schäfte. Aus dem komponierten Geschiebe der Bauvolumen an der Basis wächst um so reiner das Turmgebilde hervor: einem Mythos des 20. Jahrhunderts gehorchend, daß geometrische Klarheit, materielle Makellosigkeit und Helligkeit mit Unzerstörbarkeit, ja Unsterblichkeit gleichzusetzen seien. Der Kopf des Baus verbreitert sich: gleichsam ein Kapitell, das das Himmelsgewölbe zu tragen vorgibt.
Was Walter Gropius 1919 hoffnungsvoll im *Bauhaus-Manifest* verlangte: „Den neuen Bau der Zukunft, der [...] gen Himmel steigen wird als kristallines Sinnbild eines neuen kommenden Glaubens"[12], ist nun so, wie er es formal erwartete, vom Gehalt her allerdings ganz anders eingetroffen. Wie die profanierten Kathedralen einer vom Leistungsdruck geleiteten Gemeinschaft werden Türme dieser Art aus der vorher geschaffenen Horizontale, der annähernd gleich hohen Hochhauskette der siebziger, achtziger Jahre, hervorstoßen und damit die Vision einer neuen, zu erobernden Höhenschicht hervorrufen.
Der Druck großer Investorengruppen erzwingt die Inbesitznahme dieser neuen Höhenschichten um die Zweihundertmetermarke herum. Mit Hilfe

der Autorität und des Prestiges prominenter Architekten, mit aufwendig präsentierten Konzepten und dem Anreiz publicityträchtiger Architektur (verbunden mit dem Hinweis, dem Metropolenimage der Stadt dienlich zu sein) wird versucht, neue Hochhausprojekte einzuschleusen. Drei Beispiele: Die New Yorker Architekten des DG-Hochhauses erhielten den Auftrag, südlich des Jahnschen Messeturms ein Hochhausduo zu entwerfen. Die Architekten Schweger und Partner planen für die Helababank einen neuen Turm in unmittelbarer Nähe des vorhandenen Hauses, dessen Bau mit Hilfe von Zugeständnissen an die Öffentlichkeit (Einkaufspassage und Aussichtsrestaurant) durchgesetzt werden soll. Der Überwindung politischer Widerstände dienen auch neuartige Techniken der Umweltverträglichkeit, die auf Vollklimatisierung verzichten und die künstliche Beleuchtung reduzieren. Ebenso wurde dem neuen Hochhaus der Commerzbank am Kaiserplatz, entworfen von Norman Foster, mit ähnlichen *Verbesserungen* der Boden bereitet – zumal es in einem heiklen Stadtviertel, einem der wenigen erhaltenen Gründerzeitviertel, zu stehen kommt. Der Druck auf die bislang noch niedrige Mitte, auf den Brennpunkt Goetheplatz/Hauptwache wird allmählich drängender.

Stilleben

So füllt sich die innere Stadt mit gläsernen Gefäßen, erweckt aus der Ferne den Eindruck eines gigantischen Stillebens. Nachdem Frankfurts Silhouette allmählich zackiger und stetig dichter wird, nachdem jetzt die Hochhäuser in engste Nachbarschaft zueinander geraten, entsteht Spannung zwischen den Kuben. Zwischenräume treten ins Bewußtsein, Kraftfeldern ähnlich, wie Spalten, Schlitze, Fenster oder Tore. Nicht mehr das obeliskenhafte Emporsteigen einzelner Türme aus dem Häusermeer bestimmt den Gesichtskreis, sondern die prägnanten Konturen vertikaler Luftsäulen als fluider Widerpart zu den starren Kristallkörpern: im Dunst fast greifbare, durchsichtige Flächen zwischen den durchaus verwandten spiegelnden Glashäuten der Bürobehälter. Während die gewohnte Straßenzeile auch in den oberen Geschossen noch Hinweise auf menschliches Dasein gibt, scheint die Verglasung des Hochhauses undurchdringlich, Inneres verbergend und Äußeres – Tageszeit und Wolkenspiel – reflektierend. Hinter den vorgehängten Glasfassaden lassen sich Stockwerke nicht mehr unterscheiden, geschweige denn abzählen. So werden diese

Häuser immer mehr zu Gefäßen, deren Gestalt weniger von Inhalten denn von *Public Relations* bestimmt wird.

Die Metapher Stilleben (bei unseren Nachbarn *Nature Morte*) beschreibt den Zustand dieser starren Körper, denen man keinerlei menschliches Leben ansieht. Wie auf einem Gemälde von Morandi sind es spannungsreiche Arrangements von Volumen und Leerräumen, die nicht allein abweisend oder zugig sind, nicht nur Positiv- oder Negativräume, sondern sich zu befremdlichen Gegenräumen entwickeln. Vom erhöhten Standpunkt der Chefetagen aus sind die kristallinen Bauten zwar regierbar, die Leerräume aber fremd und unbeherrschbar. Von einem nicht genau vorhersagbaren Volumen an wird ein Gebäude zum autarken System, zur selbständig funktionierenden, vertikalen Stadt. Dann wird der Kontakt zwischen den Systemen, den Türmen zum Staatsbesuch. Zwischenräume verändern sich zur Zweidimensionalität, zur Wegstrecke, die man mit „verhängter Kutsche" durcheilt. Türme sind Residenzen. Man kontaktiert einander im Innersten unter Wahrung aller gesellschaftlichen Formen. Von dort her gesehen, erscheinen die Zwischenräume als achtlos erlebte Zonen einer insektenhaften Fremdwelt.

Eine Hochhausstadt wie Frankfurt muß sich damit abfinden, daß horizontale und vertikale Stadt auseinanderklaffen. Es entstehen Parallelwelten, die einander nicht mehr wahrnehmen können. Rigorose Stadtgestaltung führt zur Entzweiung. Hoch und Niedrig kennen sich nicht mehr.[13]

Anmerkungen

1 Dies war als Berufsbezeichnung gemeint. Der Skandal um den Investor gleichen Namens geschah erst 1994.
2 Hermann Muthesius, Stilarchitektur und Baukunst, Mühlheim an der Ruhr 1902, S. 81
3 Reinhard Piper, Mein Leben als Verleger, München 1964, S. 334
4 Zit. n. D. Bartetzko (Hg.), Wie Frankfurt photographiert wurde. Historisches Museum, Frankfurt 1977, S. 43
5 F. Bley, Die Weltstellung des Deutschtums, 1897, zit. n. Hermann Glaser, Spießer-Ideologie, Freiburg 1964, S. 163
6 Frankfurter Nachrichten vom 26.10.1930
7 Joseph Gantner, in: Das Neue Frankfurt, H. 9, 1931, S. 157
8 Piet Mondrian, Die neue Gestaltung in der Malerei, zit. n. Schriften und Manifeste, Leipzig/Weimar 1984, S. 65
9 Frankfurter Rundschau vom 20.3.1992
10 Alexander Mitscherlich, Massenpsychologie ohne Ressentiment, Frankfurt 1972, S. 95

11 The Tall Office Building Artistically Considered 1986, dt. in: Ada L. Huxtable, Zeit für Wolkenkratzer oder die Kunst, Hochhäuser zu bauen, Berlin 1986, S. 6ff
12 Zit. n. Ulrich Conrads (Hg.), Programme und Manifeste zur Architektur des 20. Jahrhunderts, Frankfurt/Berlin 1964, S. 47
13 Dieser Text folgt in vielen Passagen meinem im Fischer Taschenbuch-Verlag erschienenen Buch ‚Die Frankfurter Skyline', Frankfurt 1991

(1992)

Geldbahnhof.
Ein Bankhaus in Frankfurt

Wie baue ich für jemanden, der die Taschen voller Geld hat? Es ist einleuchtend, daß dies von der Selbsteinschätzung des Bauherren abhängt. Er wird zurückhaltend sein, seine Reichtümer verbergen, oder er wird im Gegenteil alle Chancen nutzen, Staat zu machen. Immer jedoch wird er dem Bau Zeichen einprägen, der Gesellschaft seine verantwortungsvolle Genügsamkeit offerieren oder dem entgegen eher Einfluß und Stärke demonstrieren. Die Architektur wird dann entweder elitär oder populär, bescheiden oder wichtigtuerisch, unterkühlt oder kostbar, formenstreng oder barock aussehen. Selbstredend hat der Architekt seinen Anteil am Ausdruck des Gehäuses. Je nach Intention wird der Bauherr sich den gleichgestimmten Baumeister aussuchen, welcher ihm auf detektivisch-einfühlsame Weise den ‚richtigen' Bau entwirft.

Eine der Doktrinen des 20. Jahrhunderts ist, daß Architektur nach außen das ihr Innewohnende ausdrücken sollte. Auf unser Thema bezogen heißt dies nun aber nicht, daß Bankenbauten wie Geldsäcke oder Goldbarren aussehen müßten, sondern nur, daß die Prägung des Innen auf das Außen Vorgänge innerhalb des Bauwerks aufzeigt: Stillstand und Bewegung, Privatheit und Öffentlichkeit, Schweigen und Reden. Darin unterscheidet sich ein Bankenbau nicht von einem anderen Verwaltungsbau, da seine Funktion weniger ist, Geld zu horten, als der Ort zu sein, wo es verwaltet wird.

Das Bankgebäude ist beides zugleich: Repräsentanz des Geldes und Stapelung von Arbeitsplätzen. Das sind zwei voneinander unabhängige Funk-

Landeszentralbank Hessen in Frankfurt am Main, 1988
Architekten-Arbeitsgemeinschaft PAS Albrecht, Jourdan, Müller und Berghof, Landes, Rang

tionen, die eher notgedrungen miteinander verknüpft werden. Es gilt, Solvenz vorzuführen, andererseits aber auch Funktionalität, Ökonomie und Effizienz auszudrücken. Die Säulenanalogie des Hochhauses (Fuß, Schaft, Kopf) kommt diesem doppelten Anspruch entgegen. Fuß (Entrée oder Foyer) und Kopf (Direktion) sind schnurstracks durch die geschlossene Kammer des seine Fahrt kaum verratenden Lifts miteinander verbunden. Beide ‚Säulen'-Enden sind vom Überfluß geprägt, einem Mehr als dem Notwendigen an Ausstattung und Bequemlichkeit, an Design, High-Tech, Mode, Kunst und Werkstoffen. Der zwischen Fuß und Kopf gespannte Schaft mit seinen Funktionsflächen bleibt dem Chefbesucher verborgen, ja, es ist alles darauf angelegt, störende Begegnungen auszuschließen. Welten durchdringen sich, nehmen sich aber nicht wahr.
Ein heikler Ort ist das erdgeschossige Foyer. Hier kommen Direktion und bevorzugte Besucher womöglich ungewollt mit Krethi und Plethi in Berührung. Dem gilt es entgegen zu wirken, für die ‚Bewohner des Schafts' möglichst eine Atmosphäre des Auf-den-Zehenspitzen-Gehens und des Sich-nicht-hierher-gehören-Fühlens zu erzeugen. Also werden Riegel vorgeschoben, Barrieren errichtet, psychologische Schwellen aufgebaut: weite Räume, die man in der Diagonale und nicht in sichernder Nähe von Wänden durchquert, wertvolle Materialien (Marmor, der das Memento aeternitatis beschwörende Werkstoff), lichtspiegelnde Metalle und Gläser, breite Treppen und – gleichsam als Festungsmauer – zur Straße hin vorgelagerte Edelboutiquen und Luxusrestaurants. Das funktioniert allerdings nur, wenn der Masse der Hausbenutzer ein Ersatzfoyer geboten wird. So sind die eigentlichen Eingangsbereiche, in die wir uns noch ungeniert einzudringen trauen, vor das Haus verschoben. Die gesamte Innenstadt verwandelt sich zum gemeinsamen Foyer der Bank- und Konzernniederlassungen. Sie wird zum Erlebnisspielraum für eine Angestelltenschicht, die einen gewissen Etat für Luxus, oder was sie dafür hält, bereit ist auszugeben. Es sind die Nobelläden, Galerien und Cafés, wo die Akteure durch kleine lustspendende Schocks und begierdenweckende Spektakel an den Ort, der vorrangig doch ihr Arbeitsplatz ist, gebunden werden. Wer mittags oder nach Dienstschluß die Innenstadt betritt, fühlt sich ungefragt in ein Schauspielensemble aufgenommen, das sich selbst zu inszenieren kaum je müde wird. Auch wer nicht diesem städtischen Mittelstand angehört, versucht sich entsprechend herzurichten, als gelte es, durch Extravaganz den Eintritt in die City zu erkaufen wie in einer Edeldiskothek.

Vom Gewimmel in den Korridoren und Passagen der Innenstadt hebt sich um so eindringlicher die klösterliche Ruhe in den Chefetagen ab. Dort fühlt man sich ‚herausragend', ‚ausgezeichnet' und ‚hervorgehoben'. Es wäre frivol, die hier Hausenden als ‚Emporsteiger' zu bezeichnen. Das klänge peinlich nach körperlicher Arbeit: Die Zeit des mühsamen Aufstiegs ist längst vergangen. Man genießt es, den Kopf (bestenfalls noch die Ellenbogen) anzustrengen und sonst gar nichts. Aber ‚Gipfelklima' muß kunstvoll, wahrnehmbar auch für den Naivsten, erzeugt werden. Göttersitze befinden sich bekanntlich immer oben. Darum braucht es Sockel für Turmspitzen (analog zur Firmenspitze), herausragend aus dem flächig ausgebreiteten Netzwerk der Großstadt. Oben sieht man klarer als unten. Der Dunst bleibt vor den Fenstern der unteren Geschosse hängen. Weit geht der Blick über eine miniaturisierte Welt. Wer hier sitzt, sitzt entrückt. Diese Türme sind Residenzen. Nur darum werden sie gebaut.
Es gehört zum Prestige, daß Banken Hochhäuser errichten, sich gegenseitig in der Höhe übertrumpfen wollen. Es ist aber vom funktionellen Standpunkt, erst recht von der Kosten-Nutzen-Rechnung her kaum zu begreifen. Bauen wird dann irrational, denn je höher die Wolkenkratzer werden, desto unwirtschaftlicher wird das Verhältnis von Nutz- und Nebenflächen. Warum aber müssen Banken in Hochhäusern residieren? Weil um mindestens Haupteslänge andere überragen muß, wer Häuptling werden will? Weil auch erhöht sitzen soll, wer mehr als andere darstellen will? Eine regelwidrige Variante gibt die hessische Landeszentralbank in der Frankfurter Taunusanlage.
Es ist ein historischer Ort. Hier residierte in den dreißiger Jahren die Reichsbankhauptstelle. Hier wurde nach dem Kriege die Währungsreform ausgehandelt. Die denkmalgeschützte Fassade des Hauses ist erhalten geblieben. Nun gehört der Bau samt dem dahinter auf einem 15 000 m^2 großen Grundstück sich erstreckenden Neubau der Landeszentralbank in Hessen.
Uns Großstädtern kommt das Auftrumpfen der Konzerne derart selbstverständlich vor (zumal in Frankfurt – ‚Mainhattan'), daß wir uns irritiert fragen, ob eine Bank, eine Institution der Macht, sich dermaßen platt in der Fläche ausbreiten dürfte. Hat sie womöglich Grund, sich zu verstecken, da sie sich nicht breitbeinig in den Straßenraum stellt? Alle Konkurrenten in der Nähe, Dresdner Bank, Deutsche Bank, Bank für Gemeinwirtschaft, sind bereits vom Stadtrand her wahrzunehmen. Die Landeszentralbank aber duckt sich ins Geviert, chamäleonhaft, als sei

sie Bestandteil einer gewachsenen städtischen Struktur. Erklärend wird vorgeschlagen, daß ein öffentlicher Bauherr Demokratie, gesellschaftliches Eingebundensein und antifeudales Auftreten artikulieren sollte. Eine weitere Vermutung ist, daß diese Bank um Kundschaft nicht werben muß, denn sie regelt als örtliches Exekutivorgan der Bundesbank die Geschäfte zwischen öffentlicher Verwaltung und den Kreditinstituten. Wir werden aber sehen, daß die Bauherrschaft auch in diesem Falle nicht frei vom Anspruch ist, sich verschwenderisch darzustellen.

Liegt dem architektonischen Konzept sonst der denkmalhafte Obelisk zugrunde, ist es hier das Stadtquartier. Einer gläsernen Passage schließen sich in kammartiger Reihung Einzelbauten und Höfe an, alle im ungefähren Maßstab der gründerzeitlichen Nachbarschaft. Der Eindruck wird erweckt, es gelte, eine anonyme Gesellschaft in eng aufeinander bezogene ‚Familien' zu gliedern. Wir kennen das von Schulen oder Kindergärten, die in räumlich überschaubare Betreuungsgruppen unterteilt werden. Die Geborgenheit, die die kleine Gruppe vermittelt, wird bewußt als Faktor für den sogenannten ‚humanen Arbeitsplatz' eingesetzt, welcher scheinbar der Gruppe eine gewisse Autarkie verspricht, mit all den konnotativen Supplementen wie ‚einander helfen', ‚besuchen', ‚feiern', kurz, ein vom Werktätigsein bestimmtes Arkadien mit einem Minimum an Qual und Frust und einem Maximum an Kreativität und Zufriedenheit. Das ist die Strategie. Unterstützt wird sie von der Maßnahme, in das Obergeschoß des Bauwerks sechs Gartenhöfe einzuschneiden. Jeder ist für sich unverwechselbar und spielerisch gestaltet. Die Namen sagen es: Mäanderhof, Baumhof, Baumhosenhof, Schrägheckenhof, Labyrinth, Faltschnitthof.

Die Assoziation ‚Stadtquartier' wird überdies überlagert von der Assoziation ‚Frankfurter Hauptbahnhof'. In der Tat weckt der langgestreckte Bau mit seiner glasüberdeckten Stahlkonstruktion der Mittelhalle Erinnerungen an den nahegelegenen Bahnhof des 19. Jahrhunderts. Der beschriebenen friedlich-nachbarschaftlichen Erscheinung des Baus entspricht eine nostalgische Rückwende in die heroische Zeit der Technik, da noch Zukunftshoffnungen und nicht Resignation die öffentliche Meinung prägten.

Der Bahnhof ist lediglich Hülle für die Züge während ihres Aufenthalts auf der Fahrt zum lockenden Ziel. Den Antrieb besorgt die Lokomotive. Tatsächlich läßt sich der Vergleich zwischen Bahnhof und Bankgebäude noch weiter ziehen: Als Lokomotive befindet sich am Kopf des ‚Geldzuges', zum Stadtzentrum orientiert, die Direktion. Als Kohlentender aber fun-

giert der riesige Tresor mitten in der Halle, dem die Bankangestellten
aufs Dach steigen dürfen. Der Hauptbahnhof ist eine öffentliche Halle
mit Basaratmosphäre, doch dieser ‚Geldbahnhof' täuscht seine Offenheit
nur vor. Zwar können wir bequem ins Innere kommen, doch schon
hinter der Eingangstür werden wir sanft ins Abseits einer Schalterhalle
dirigiert. Die langgestreckte Mittelhalle hingegen ist nur mit codiertem
Dienstausweis zu betreten. Im übrigen ist das Haus entgegen allem äußeren
Anschein gepanzert und verriegelt. Die Glasscheiben im Erdgeschoß sind
80 Millimeter stark, so daß der unvermeidliche Grünstich uns glauben
macht, in ein Aquarium zu gucken. So finden die Unwirklichkeit und
Unüberschaubarkeit der modernen Wirtschaft mit ihren Termingeschäften
und Börsensprüngen ungewollt ihr Symbol.
Dieses Haus ist zugleich Kunstwerk und Zitadelle. Die kammartig gestaffelten Bauteile erhalten Bastionencharakter, der vorgelagerte Altbau
der Reichsbank wird zur Barbakane, einem fortifikatorischen Außenwerk.
Die Geldmengen im Tresor machen dies erforderlich. Dem martialischen
Eindruck entgegenzuwirken, ist der Bau aufs kostbarste verziert. Ein Übermaß an Ornamenten und manieristisch ausgefeilten Details überkrustet
die Wände. Es scheint, als habe der horror vacui Bauherrn und Architekten
befallen: Kaum findet sich ein Fleckchen, wo nicht ein Mosaikstreifen,
ein Metallband, eine exquisit geformte Leuchte, eine polierte Intarsie,
ein uhrmacherhaft behandeltes Stützendetail, ein sorgfältig getrepptes
Betonornament oder ein den Kenner entzückendes Zitat aus der Baugeschichte den Anlaß, eine schützende Wand, ein schützendes Dach zu
errichten, vergessen macht. Wie heißt doch das Märchen von demjenigen,
dem alles, was er anfaßte, zu Gold wurde, so daß der Reichtum seinen
Sinn verlor, ja, er letztlich verhungerte?

Anmerkung

Die Landeszentralbank in Hessen wurde in den Jahren 1984-1988 errichtet. Ihre Architekten
sind Sven Albrecht, Jochem Jourdan, Bernhard Müller und Norbert Berghof, Michael Landes,
Wolfgang Rang.

(1991)

Postskript

Kopfraumwagnisse

1. Ein Zimmer, darin eine Person und ihr Gegenüber. Sie gehen aufeinander zu. Sie setzen sich auseinander. Die Distanz schrumpft oder gedeiht. Obwohl seitlich offen, erscheint der Raum zwischen ihnen eindeutig und rundum begrenzt. Sympathie läßt ein unbestimmtes Ziehen verspüren, den Wunsch, den Zwischenraum zu verkleinern. Antipathie hingegen, gepaart mit dem Gefühl der Abstoßung, drängt zur Vergrößerung der Distanz: Liebe und Haß als Faktoren des Raumentwurfs.
2. Wie einen Raum zeichnen? Wir tragen alle visuellen Informationen zusammen und schichten sie aufs Papier. Nun müssen wir uns ein Verfahren ausdenken, wie wir das Gespeicherte begreifen. Mit geschlossenen Augen und gespreizten Fingern spazieren wir durch den Vorgarten. Nicht unempfindlich für die Realität: Ein merkwürdiges Gebilde aus Gras, Buckligkeiten, Wind, Frösteln, Plänen, Vermutungen, sich kreuzenden Erinnerungen, Verlorenheit, Schwellen, Ziegelstein und Zirkelschlag entsteht. Ein Raum.
3. Was wir sehen und fühlen, ist flächig. Schnappschuß und Haut. Zwischen uns und dem Raum steht die Projektionsscheibe der Blicke, die Oberfläche des Steins. Wir werfen uns hinein: Beulen, Kratzer und schmerzende Knie. Ein geglücktes Experiment.
4. Man zeichne Schnitte durch ein Gehäuse: jeden Meter, jeden Zentimeter, jeden Millimeter und so weiter. Nach unendlich vielen Schnitten ist das Zeichenpapier unendlich viel dicker als die reale Hausscheibe. Nach unendlich vielen Schnitten und langer Zeit haben wir die dritte Dimension des Hauses vernichtet. Legen wir nun all die Schnitte übereinander, so haben wir wieder alle Informationen beisammen. Aber die Tiefe des Baus bleibt imaginär. Der Vorgang der Teilung ist irreversibel. Haben wir nun so etwas wie ein ‚Schwarzes Loch' produziert?
5. Der Einfachheit halber sei es ein quaderförmiger Raum. Wir benötigen eine Stehleiter, möglichst viele Gummibänder und ein, zwei Schachteln mit Reißzwecken. Wir befestigen die Bänder an unserem Gürtel, also in Nabelhöhe. Die anderen Enden werden in die Zimmerecken und an

soviel Wand-, Decken- und Fußbodenpunkte geheftet, wie der Vorrat reicht. Da stehen, hocken, liegen wir wie die Spinne im Netz und nehmen jede unserer Bewegungen als Lockerung oder Anspannung wahr. Wenn wir unsere Bemühungen wer weiß wie lange betreiben, dann können wir letztlich auf die Gummibänder verzichten. Jedes Sich-Entfernen von einer stabilen Wand bringt nun ein Empfinden von Entzug, jedes Sich-Nähern eines von Lockung, ja Zuneigung hervor.

6. Zwischen den Polen – Spannung; zwischen den Wänden – Funkenflug.

7. Wechselseitig, hin und her, Verstrickungen: die Technik des Strickens als Muster für den sich offenbarenden Raum.

8. Verkehrung des Raums: Granitene Leere, eingehöhlt die Wurmgänge aller Bewegungen, sowohl atomarer wie makroskopischer. Angenommen, der Granit bewege sich, so entstünden oder schlössen sich Ritzen, Klüfte, Spalten. Angenommen hingegen, die Löchrigkeit entstehe im beharrlichen Ansturm des sich Bewegenden, so wäre ein gewisses Gleichmaß, eine schicksalhafte Vorhersehbarkeit damit verbunden. Raum wäre dann entweder etwas zufällig Entstehendes, Dazwischenliegendes – oder etwas dem Leben gleich zu Setzendes, dem Regelmaß einer kontinuierlichen Bewegung folgend.

9. Wir lassen ein Aquarium fallen. Ein Haufen Scherben, zersplitterte Flächen, unhaltbar verrinnende Flüssigkeit. Und der vorher so exakt quaderförmige Raum?

10. Wir stehen in der Mitte einer würfelförmigen Kammer. In uns entsteht die Vorstellung einer ebenso würfelförmigen Kammer, allerdings deutlich größer. Druck entsteht. Der imaginäre Kubus ist in seiner Entfaltung gehindert. Wir spüren das. Ein Gefühl der Enge.

11. Man sagt, der Raum sei leer, unverletzbar, eine endlose Folge von Distanzen, ein Zahlenmeer. Man sagt, selbst der leere Raum besitze eine gewisse Energiedichte. So ließe er sich denn beschreiben, mit Gespenstern bevölkern.

12. Ein Kabinett in nahezu lichtgeschwinder Fahrt. Die Fahrt nehmen wir, längst daran gewöhnt, nicht mehr wahr. Jemand, Einstein zu Ehren, zündet ein Blitzlicht in Raummitte und demonstriert mittels feinster Meßgeräte, daß die Lichtstrahlen exakt zur gleichen Zeit auf die exakt gleich weit entfernten Oberflächen ringsum aufprallen. Man beobachtet uns, wie wir dahinrasen. Merkwürdig: Sie dort außen verlautbaren, uns anders zu sehen als wir selbst. Nicht merkwürdig, sagt jemand, denn die Geschwindigkeiten von Gefährt und Licht lassen sich in Fahrtrichtung nicht addieren. Lichtgeschwindigkeit ist bekanntlich die äußerste. Da

wir, von innen gesehen, ruhen und, von außen gesehen, rasen, ergibt sich ein verwirrender Konflikt: Unseren Zuschauern erscheint die Länge des Mobils verkürzt, der Gang unserer Uhren verlangsamt. In Bewegungsrichtung ändern sich Raum und Zeit. Und quer dazu? Der Zeuge fühlt sich verwirrt, denn der Dahinrasende altert in Pfeilrichtung kaum, quer dazu jedoch geschwind. Jung und alt – ein Flimmern auf der Haut des Reisenden?

13. Um mich herum ein schlichter, würfelförmiger Raum mit der Besonderheit, daß er jeweils flächenmittig und seitenparallel von einem schmalen Fugenband geteilt werde. Ferner erlege ich mir selbst die Verpflichtung auf, diese Trennung keinesfalls zu überschreiten. Während ich nun die eine Hälfte durchmesse, mir die andere jedoch verbiete, scheint mir diese dennoch aufgrund ihrer spiegelbildlichen Figur ganz erfahrbar. Nie verlasse ich das Geviert, weder Tag noch Nacht. Unterdessen wird die Rundumteilung, während ich schlafe, von einem Spiegel verschlossen. Wird sich jetzt meine Raumerfahrung verändern? Zunächst sehe ich, wie schon vorher, den begehbaren Halbwürfel zum vollständigen ergänzt. Allerdings kann ich mich zu meiner Überraschung plötzlich selbst im Umhergehen betrachten. Ich nehme mich fühlend wahr und zugleich als nachäffendes Abbild. Dies dauere lange Zeit. Nehmen wir an, während des Schlafs werde, von mir unbemerkt, der Spiegel wieder aus der Fuge entfernt. Zuerst nähme ich wohl sein Abhandensein nicht wahr, dann aber um so schockierter das Fehlen meines Bildes. Wie könnte ich einem Eintretenden mein Entsetzen erklären angesichts des schlichten, leeren Raums, wie mein wunderliches Abschätzen seiner Person?

14. Eine Wanderung an der Küste: Die Füße versinken bis zu den Knöcheln im Sand der Düne. Solange wir uns Zeit nehmen, genießen wir den umschmeichelnden Sog, versinken allmählich in Betrachtung des miniaturisierten Gerölls. Eine nahezu endlose Folge fast gleichartiger Räumchen zwischen ebensoviel winzigen Volumen, ein Miteinander von „)("-geformten Zwischenräumen, Negativformen, im Gegensatz zu den „( )"-Blasen eines Schwamms. So wird uns der ziehende Sog erklärlich, der so anders ist als der sanfte Druck der porigen Substanz. Ließen sich Schwamm und Sandhaufen miteinander verbacken, so entstünde knallharte Materie, verlöre sich die angenehme Schmiegsamkeit, und das Durchgängige verwandelte sich zum Undurchdringlichen, zum äußersten Maß der Befremdung.

15. Vertrauen braucht Raum, entsteht durch Umhüllen, Umgeben, Umhegen, Umsorgen, Bekleiden, aber ebenso durch Einlullen, Einwickeln

und Umgarnen. Der Umgarnte fühlt sich wohl im Scheinraum, im Imaginären.

16. Sie fliehen. Sie gewinnen Tiefe. Winzige Gestalten, ein vibrierender Klecks, zuletzt ein hüpfendes Pünktchen in Augenhöhe. Wir fixieren den Vorgang in Stein – als Zimmerflucht. Sie kehren um. Sie schwärmen von einem Zentrum aus, strahlenförmig. Wir sind ratlos. Aus der Flucht wurde Angriff. Das geht über unsere Köpfe hinweg. Der Architekt rechnet mit der Angst. Darauf gründet sein Metier.

17. Offener Rachen, gespreizte Gliedmaßen, Wunden – Körperschluchten, Durchdringungen, Einverleibungen – Gier, Ekstase, Schwindel – Oberflächen vernichten, Abstand gewinnen, in die Tiefe fallen, Raum fressen.

18. Raum nehmen wir axial unter der Haut wahr, senkrecht vom Scheitel bis zum Schritt, waagerecht gekreuzt von Schläfe zu Schläfe. Wenn wir in uns gehen, empfinden wir die dritte Dimension nicht, wie wir erwarteten, ebenfalls als Linie, sondern sie erscheint uns als Fläche: ein halbkreisförmiger Bogen mit der Kontur des Hinterkopfs und der Augenlinie als Sehne. Alles, was wir darüber hinaus als Raum bezeichnen, ist Hirngespinst, ein Modell, konstruiert aus Vergleichen und Erinnerungen. Die Konstruktion der Perspektive dient der Selbstkontrolle, der Behauptung unseres Standpunkts, ein Akt selbstvergewissernder Reflexion.

19. Kirmes: Katapult und Zentrifuge – wahnwitziger Versuch, gar ein vergeblicher, den Körperraum spürbar zu erweitern. So ist der Raum zu luftig, um ihn zu ergreifen, aber real genug, um hinter unserem Rücken zu verschwinden.

20. Eine Wand genügt, einen Zwischenraum zu erzeugen, da ich von mir nicht absehen kann. Ich halte meßbar Distanz, bin in der Nähe. Die Ferne ist stückweise verhängt. Eine einzige Fläche genügt, um Geborgenheit zu vermitteln. Eine einzige Senkrechte, ein Pfahl, genügt, einen Zwischenraum zu erzeugen. Von Geborgenheit kann keine Rede sein. Zur Not klammere ich mich an, pflege Zwiesprache. Doch dann bin ich außer mir.

21. Wir sind still, um scharf zu sehen; bewegen uns kaum. Unsere Blicke verraten eher Abwehr denn Aneignung. Wir distanzieren uns und halten uns das Undurchdringliche vom Leib. Das ist unser stummes Problem. Um herauszufinden, tasten wir, hören zu, drehen Glieder und Kopf. Das Umgebende bewegt uns, ja, rührt uns. Wir schmeicheln und schmiegen uns in seine Falten und Buchten. Wir nehmen das Vibrieren der Resonanzflächen wahr. Um so körperlicher und bildloser wir empfinden, desto

mehr Realität vermeinen wir uns einzuverleiben. Vom Bild allein wissen wir niemals, ob es trügt. ‚Ich habe es gesehen' ist eine unbrauchbare Zeugenaussage. Es kann nicht wahr sein: „Architektur ist das kunstvolle, korrekte und großartige Spiel der unter dem Licht versammelten Baukörper." Es ist falsch, denn Architektur erfahren wir im Dunkeln.

(1992)

Nachweise

Auch die Moderne braucht Zeichen der Erinnerung, in: J. Pahl und W. Meisenheimer (Hg.), Architektur als Darstellung, als Zeichen, als Sprache, Reihe ad 17, FH Düsseldorf 1989

Nachwort zu einer kürzlich zu beobachtenden Eruption. Ansichten zur Architektur der 80er Jahre, in: C.W. Thomsen (Hg.), Aufbruch in die Neunziger. Ideen, Entwicklungen, Perspektiven der 80er Jahre, Köln 1991

Wahrheit, und sei es gegen eine Welt von Feinden, in: P. Neitzke und C. Steckeweh (Hg.), Centrum. Jahrbuch Architektur und Stadt 1993, Braunschweig/Wiesbaden 1993

Reisekoffer oder Affenstall. Wohin die Häuser in den zwanziger Jahren verschwanden, in: Der Architekt, H. 5/1983

Wright – ein deutscher Heros, in: archithese, H. 2/1988

Design als Maßstab, in: archithese, H. 4/1984

Magische Architektur: Über die allmähliche Verfertigung der Gestalten als Bauten, in: Der Architekt, H. 12/1988

Der Atem des Steins, unveröffentlicht

Stoffwechsel, in: J. Pahl und W. Meisenheimer (Hg.), Architektur für die Sinne, Reihe ad 19, FH Düsseldorf 1992

Die Entdeckung des Trugs, in: Daidalos 52 (1994)

Die nackte Wand. Reflexionsflächen, Projektionsebenen, Vortrag auf den Medientagen in Siegen, 26. Mai 1992, unveröffentlicht

Architektur und Zufall, in: Diagonal, Zeitschrift der Universität-Gesamthochschule Siegen, 1994, Themenheft ‚Zufall'

Es kommt das Häßliche. Von der Notwendigkeit des Geschmacklosen, in: Baumeister, H. 11/1992

Das Extreme liegt uns, in: Baumeister, H. 8/1993

Das Haus als Falle, in: Ausstellungskatalog ‚Attrappen', Siegener Kunstverein, Siegen 1984

Obelisk mit gläserner Kiste, in: Diagonal, Zeitschrift der Universität-Gesamthochschule Siegen, 1993, Themenheft ‚Zeichen'

Trennschärfe und Zwielicht, in: Der Architekt, H. 8/1994

Entgegen dem Anschein – JE balanciert, in: G. Rusch und S.J. Schmidt (Hg.), Konstruktivismus: Geschichte und Anwendung, Frankfurt 1992

Carceri – Centricity, in: Lebbeus Woods, Centricity. The Unified Urban Field, Katalog der Galerie Aedes, Berlin 1987

Je kälter die Nerven, desto rascher die Nachrichtenübermittlung, in: archithese, H. 4/1983

Rossi oder Die Liebe zur Geometrie, in: archithese, H. 4/1980

Der verschwiegene Vorläufer, in: Listen, Zeitschrift für Leserinnen und Leser, H. 13/1988

Raum Stein, Inventur... oder Die alte Not der Kunsthistoriker, in: archithese, H. 2/1988

Zerklüftete Oberflächen – polierte Monolithen. Wolkenkratzerstadt Frankfurt am Main, in: archithese, H. 3/1992

Geldbahnhof. Ein Bankhaus in Frankfurt, in: Diagonal, Zeitschrift der Universität-Gesamthochschule Siegen, 1991, Themenheft ‚Geld'

Kopfraumwagnisse, in: Diagonal, Zeitschrift der Universität-Gesamthochschule Siegen, 1992, Themenheft ‚Experimente'

Bildquellen

Seite 26	Bauwelt 1989/Heft 1-2
Seite 30	Der Spiegel 1989/Nr. 27
Seite 32	Bauwelt 1988/Heft 1-2
Seite 42	Stadtarchiv Frankfurt am Main
Seite 56	Kristin Feireiss (Hg.), Berlin – Denkmal oder Denkmodell, Berlin 1988
Seite 65	Guy Peellaert und Nik Cohn, Rock Dreams, München 1982
Seite 72	Daidalos 52, 1994
Seite 84	Archiv Jonak
Seite 108	Archiv Jonak
Seite 111	Architectural Monographs No. 22, Lebbeus Woods, London 1992
Seite 115	Francesco Moschini (Hg.), Massimo Scolari. Watercolors and drawings 1965-1980, London 1980
Seite 120/121	archithese 1988/Heft 6
Seite 130	Dirk Meyhöfer (Hg.), Architectural Visions for Europe, Braunschweig/Wiesbaden 1994
Seite 131	a + u 1994, Heft 5
Seite 143	Hauptverwaltung der Deutschen Bundesbank (Hg.), Die Landeszentralbank in Hessen, Frankfurt am Main, Frankfurt am Main 1988

Bauwelt Fundamente
(lieferbare Titel)

1 Ulrich Conrads (Hrsg.), Programme und Manifeste zur Architektur des 20. Jahrhunderts
2 Le Corbusier, 1922 – Ausblick auf eine Architektur
3 Werner Hegemann, 1930 – Das steinerne Berlin
4 Jane Jacobs, Tod und Leben großer amerikanischer Städte
12 Le Corbusier, 1929 – Feststellungen
14 El Lissitzky, 1929 – Rußland: Architektur für eine Weltrevolution
16 Kevin Lynch, Das Bild der Stadt
20 Erich Schild, Zwischen Glaspalast und Palais des Illusions
24 Felix Schwarz und Frank Gloor (Hrsg.), „Die Form" – Stimme des Deutschen Werkbundes 1925–1934
36 John K. Friend und W. Neil Jessop (Hrsg.), Entscheidungsstrategie in Stadtplanung und Verwaltung
40 Bernd Hamm, Betrifft: Nachbarschaft
50 Robert Venturi, Komplexität und Widerspruch in der Architektur
51 Rudolf Schwarz, Wegweisung der Technik und andere Schriften zum Neuen Bauen 1926–1961
53 Robert Venturi, Denise Scott Brown und Steven Izenour, Lernen von Las Vegas
56 Thilo Hilpert (Hrsg.), Le Corbusiers „Charta von Athen". Texte und Dokumente. Kritische Neuausgabe
57 Max Onsell, Ausdruck und Wirklichkeit
58 Heinz Quitzsch, Gottfried Semper – Praktische Ästhetik und politischer Kampf
60 Bernard Stoloff, Die Affaire Ledoux
65 William Hubbard, Architektur und Konvention
67 Gilles Barbey, WohnHaft
68 Christoph Hackelsberger, Plädoyer für eine Befreiung des Wohnens aus den Zwängen sinnloser Perfektion
69 Giulio Carlo Argan, Gropius und das Bauhaus
70 Henry-Russell Hitchcock und Philip Johnson, Der Internationale Stil – 1932
71 Lars Lerup, Das Unfertige bauen
72 Alexander Tzonis und Liane Lefaivre, Das Klassische in der Architektur

73 Elisabeth Blum, Le Corbusiers Wege
74 Walter Schönwandt, Denkfallen beim Planen
75 Robert Seitz und Heinz Zucker (Hrsg.), Um uns die Stadt
76 Walter Ehlers, Gernot Feldhusen und Carl Steckeweh (Hrsg.), CAD: Architektur automatisch?
78 Dieter Hoffmann-Axthelm, Wie kommt die Geschichte ins Entwerfen?
79 Christoph Hackelsberger, Beton: Stein der Weisen?
82 Klaus Jan Philipp (Hrsg.), Revolutionsarchitektur
83 Christoph Feldtkeller, Der architektonische Raum: eine Fiktion
84 Wilhelm Kücker, Die verlorene Unschuld der Architektur
87 Georges Teyssot, Die Krankheit des Domizils
88 Leopold Ziegler, Florentinische Introduktion
89 Reyner Banham, Theorie und Gestaltung im Ersten Maschinenzeitalter
90 Gert Kähler (Hrsg.), Dekonstruktion? Dekonstruktivismus?
91 Christoph Hackelsberger, Hundert Jahre deutsche Wohnmisere – und kein Ende?
92 Adolf Max Vogt, Russische und französische Revolutionsarchitektur 1917 · 1789
93 Klaus Novy und Felix Zwoch (Hrsg.), Nachdenken über Städtebau
94 Mensch und Raum. Das Darmstädter Gespräch 1951
95 Andreas Schätzke, Zwischen Bauhaus und Stalinallee
96 Goerd Peschken, Baugeschichte politisch
97 Gert Kähler (Hrsg.), Schräge Architektur und aufrechter Gang
98 Hans Christian Harten, Transformation und Utopie des Raums in der Französischen Revolution
99 Kristiana Hartmann (Hrsg.), trotzdem modern
100 Magdalena Droste, Winfried Nerdinger, Hilde Strohl und Ulrich Conrads, Die Bauhaus-Debatte 1953
101 Ulf Jonak, Kopfbauten. Ansichten und Abrisse gegenwärtiger Architektur
102 Gerhard Fehl, Kleinstadt, Steildach, Volksgemeinschaft (in Vorbereitung)
103 Franziska Bollerey (Hrsg.), Zwischen de Stijl und CIAM (in Vorbereitung)
104 Gert Kähler (Hrsg.), Einfach schwierig (in Vorbereitung)

Bauwelt Fundamente, Band 99
trotzdem modern

Die wichtigsten Texte zur Architektur in Deutschland 1919 - 1933
Herausgegeben von Kristiana Hartmann.

1994. 417 Seiten. Kartoniert.
ISBN 3-528-08799-4

Aus dem Inhalt:
Kristiana Hartmann: Neugier auf die Moderne

I. Dokumente 1919-1923
Ausblicke, Rückblicke - Expressionismus - Zusammenschlüsse

II. Dokumente 1924-1928
Die Protagonisten oder Sieg des neuen Baustils - Zweifel, Kritik

III. Dokumente 1929-1933
Appell an die Vernunft oder was ist modern? -
Die Patriarchen kommen zu Wort 3. Front

IV. Übergeordnete Texte 1918-1933
Blick über die Grenzen - Wohnung, Wohnkultur -
Typ, Serie und Sozialisierung - Lehren aus der Geschichte.

Bauwelt Fundamente, Band 100

Die Bauhaus-Debatte 1953
Dokumente einer verdrängten Kontroverse

Herausgegeben von Ulrich Conrads, Magdalena Droste,
Winfried Nerdinger und Hilde Strohl

1994. 264 S. Kart.
ISBN 3-528-06100-6

Inhaltsübersicht:

Winfried Nerdinger: Das Bauhaus zwischen Mythisierung und Krititk - Ulrich Conrads: Aus der Redaktion geplaudert - Vorlauf in Briefen - Rudolf Schwarz: Bilde Künstler, rede nicht - eine (weitere) Betrachtung zum Thema "Bauen und Schreiben" - Wie soll die Sache nun weitergehen? Briefe zwischen Rudolf Schwarz und Alfons Leitl - Erste Reaktionen auf Schwarz' Aufsatz: Vier Briefwechsel mit Walter Gropius - Alfons Leitl: Anmerkungen zur Zeit: Debatte um Rudolf Schwarz - ... einer gibt dem anderen das Wort weiter... Sieben Stimmen zur Berichtigung des Geschichtsbildes von Rudolf Schwarz - Festigung der Positionen. Briefe - Über die Fachwelt hinaus. Weiterführung der Debatte zwischen Werk und Zeit, der Neuen Zeitung, der Frankfurter Allgemeinen und der Herder-Korrespondenz - Zur Fortsetzung des Streitgesprächs. Briefe - Rudolf Steinbach: Versuch einer Klärung - Alfons Leitl: Die notwendige Ergänzung zu einer "notwendigen Berichtigung" - Rudolf Schwarz: Was dennoch besprochen werden muß - Briefe des Kontrahenten - Alfons Leitl: Anmerkungen zur Zeit: Mies van der Rohe in Deutschland - Martin Wagner: Bauhaus-Olympia? - "... einem tüchtigen Mann". Weitere Briefe - Rudolf Pfister: Verwirrung auf der ganzen Linie! Ein Vorschlag zur Güte - Zum Abschluß der Schwarz-Debatte: Texte und Beiträge von Antoine de Saint-Exupéry, Friedrich Lehmann, Hubert Hoffmann, Emil Steffann, Alfons Leitl - Rudolf Schwarz` letzter Brief zur Sache - Nachlese - Werner Durth: Anstelle eines Nachworts - Biographisches Register

Die bissige Attacke, die Rudolf Schwarz 1953 gegen Gropius und das Bauhaus führte, hat, was polemische Schärfe wie vor allem auch deren Auswirkung betrifft, hierzulande kaum ihresgleichen. Das Streitgespräch, wäre es damals fortgesetzt worden, hätte solches Gewicht gewinnen können wie 1914 der Werkbundstreit über Kunst-Unikat und Serienprodukt.

Bei Fragen zur Produktsicherheit wenden Sie sich bitte an:
If you have any questions regarding product safety,
please contact:

Birkhäuser Verlag GmbH
Im Westfeld 8
4055 Basel, Schweiz
productsafety@degruyterbrill.com